KB058467

우리는 여전히 공룡시대에 산다

우리는 여전히 공룡시대에 산다

가장 거대하고 매혹적인
진화와 멸종의 역사

서가
명강
31

이융남 지음

서울대학교
지구환경과학부 교수

21세기북스

사회과학

社會科學, **Social Science**

경제학, 심리학, 정치학, 사회학,
외교학, 법학, 경영학

인문학

人文學, **Humanities**

언어학, 역사학, 종교학,
문학, 고고학, 미학, 철학

예술

藝術, **Arts**

음악, 미술, 무용

지구과학

地球科學,
Earth Science

자연과학

自然科學, **Natural Science**

수학, 화학, 물리학,
생물학, 천문학, 지구과학

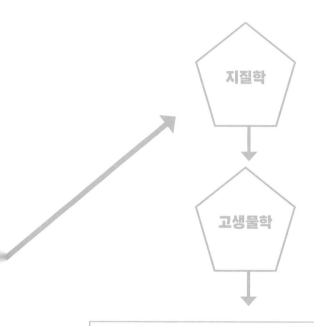

고생물학이란?

古生物學, Paleontology

고생물학은 화석에 기반하여 지구상에 살았던 생명의 역사를 연구하는 자연과학이다. 고생물학이란 용어는 1822년부터 사용되기 시작했으며 생물학과 지질학이 결합한 학문으로 고고학과는 다르다. 화석은 홀로세(약 1만 1,700년 전) 이전 암석에 남겨진 생물의 잔해(체화석, body fossils)와 생물의 활동으로 남겨진 흔적(흔적화석, trace fossils)으로 구분된다.

이 책을 읽기 전에 주요 키워드

자연선택(natural selection)

찰스 다윈이 도입한 개념으로 자연계에서 그 주변 환경에 잘 적응하는 생물은 생존하고, 그렇지 못한 생물은 결국 멸종한다는 것을 말한다. 동종의 생물 개체 사이에 일어나는 생존 경쟁에서 환경에 적응한 개체들이 생존할 확률이 높아 더 많은 자손을 남기게 된다. 찰스 다윈은 자연선택을 생물이 진화하는 주된 원인으로 꼽았다.

계통점진설(phyletic gradualism)

특정 생물의 분류군이 계통적 진화를 할 때 시간의 경과에 따라 점진적으로 변화하며 새로운 종이 된다는 이론이다.

단속평형설(punctuated equilibrium)

계통점진설과 상반되는 학설로 많은 종의 진화가 오랜 시간 동안 진화적 변동이 없는 상태를 유지하다가 거대한 환경 변화에 의해 짧은 시간 동안 진화가 이루어진다는 이론.

코노돈트(conodonts)

'원뿔 모양의 이빨'이라는 뜻을 가진 턱이 없는 원시 물고기의 이빨 화석으로 인산칼슘 성분을 갖고 있다. 크기는 0.2~6밀리미터 정도로 매우 작다. 주로 고생대 해성퇴적암인 석회암에서 흔히 발견된다. 고생대 기간 빠른 속도로 진화했고, 세계적으로 광범위하게 분포해 표준 화석으로 사용된다.

노바페스 울산엔시스(Novapes ulsanensis)

울산에서 발견된 코리스토데라의 발자국 보행렬로 이융남 교수팀에 의해 연구되었다. 코리스토데라는 악어처럼 생겼지만 악어와는 완전히 다른 그룹이며, 중생대 백악기에 활동한 수생 또는 반수생 파충류로 신생대에 들어와 멸종했다. 노바페스는 중생대 지층에서 처음으로 발견된 세계에서 가장 오래된 코리스토데라 발자국이다. 코리스토데라의 뒷발가락은 다섯 개로 뒷발가락이 네 개인 악어 발자국과는 쉽게 구별된다.

사우리페스 하동엔시스(*Sauripes hadongensis*)

이융남 교수팀에 의해 하동에서 발견된 세계에서 가장 오래된 백악기 도마뱀 발자국 화석이다. 이 발자국은 황급히 두 발로 달린 흔적으로 밝혀졌다. 도마뱀은 평소 네 발로 걷는 것이 일반적이지만 특수한 상황에서는 두 발로 달리는 것이 가능하다. 도마뱀은 중생대 트라이아스기에 출현한 이후로 매우 다양하게 진화를 거듭해 현재 가장 종 수가 많은 파충류 그룹이다.

울트라사우루스 탑리엔시스(*Ultrasaurus tabriensis*)

1973년 우리나라에서 가장 먼저 발견된 한 개의 불완전한 뼈에 이름 붙여진 용각류 공룡이다. 발견된 뼈는 당시 척골(자뼈)로 잘못 보고되었으나 후에 상완골(위팔뼈)의 윗부분으로 정정되었다. 따라서 공룡의 크기가 지나치게 과장되어버렸고, 또한 새로운 학명으로 인정할 만한 특징이 뼈에 존재하지 않아 이 공룡은 현재 신종으로 인정받지 못하고 있다.

코리아케라톱스 화성엔시스(*Koreaceratops hwaseongensis*)

우리나라 화성시 전곡항에서 발견된 원시 뿔공룡(각룡) 화석으로 '화성에서 발견된 새로운 한국 뿔공룡'이라는 의미를 갖고 있으며, 2011년 이융남 교수팀에 의해 명명되었다. 뿔공룡은 대부분 뿔이 있고 머리 뒤에 프릴이 큰 공룡을 지칭한다. 하지만 원시 뿔공룡들은 이러한 특징이 없었으며 크기도 작았다. 뿔공룡은 다른 공룡들과 달리 특이하게도 전상악골 앞에 부리뼈가 하나 더 있다.

데이노케이루스 미리피쿠스(*Deinocheirus mirificus*)

1965년 몽골 고비사막에서 발견되어 1970년 폴란드의 오스몰스카 박사가 명명한 수각류 공룡이다. 유일하게 발견된 공룡의 앞발 길이가 2.4미터나 되며, 몸체와 머리는 발견되지 않아 전체 형태를 전혀 알지 못했었다. 2006년과 2009년에 이융남 교수팀이 몽골의 새로운 화석 산지에서 이 공룡의 몸뼈 화석을 찾아내면서 그 윤곽이 뚜렷해졌다. 그 후 도굴된 머리뼈가 몽골로 반환되어 전체적인 데이노케이루스의 연구가 가능하였고 그 결과는 2014년《네이처》에 발표되었다.

차례

"내 존재의 기원을 아는 사람과 그렇지 않은 사람의 인생사는 크게 다를 것이다. 고생물학은 우리 인류만이 할 수 있는 과거로의 시간 여행과 근원적 질문에 대한 답으로 우리를 이끈다."

진화의 줄기로 촘촘히 엮는 생명의 연대기

삼엽충, 코노돈트, 아칸토스테가, 익룡, 수장룡, 공룡, 시조새, 원시 고래, 원시 인류 등등 이 놀라운 화석들이 발견되지 않았더라면 46억 년 지구의 역사 속에서 38억 년간 이어져 온 생명의 장구함을 우리는 결코 알 수 없었을 것이다. 단순했던 초창기 생물들은 나무의 가지처럼 진화해 오늘날 지구를 다양한 생명이 넘쳐나는 행성으로 만들었다. 지구상에 살고 있는 모든 생명체들은 경이로운 진화의 산물이며 이들의 조상 역시 그러하다. 그중 2억 3,000만 년 전 중생대 후기 트라이아스기에 출현해 백악기 말까지 1억 6,000만 년이나 육상 생태계를 지배한 공룡은 더욱더 흥미롭다.

공룡을 모르는 사람은 거의 없다. 과거에 공룡은 거대하지만 우둔해서 멸종한 동물로 여겨졌다. 백악기 말 대멸종 사건의 원인을 찾으려는 노력도 사실 공룡이 멸종했기 때문에 시작되었다. 하지만 새롭게 진화해 중생대 말 대멸종에서 살아남아 오늘날 하늘을 지배하고 있는 공룡들을 우둔한 동물이라고 할 수 있을까? 또한 공룡은 거대함의 대명사처럼 쓰이기도 한다. 작은 기업을 인수합병하는 거대한 다국적 기업처럼 규모가 매우 큰 기업을 흔히 공룡기업이라고 표현한다. 이러한 표현은 공룡들이 무조건 크다는 잘못된 사고를 불러일으킨다. 하지만 비둘기만한 공룡들도 많았다는 사실을 아는 사람은 적다. 더 심각하게는 공룡이 영화에서나 나오는 허구라고 믿는 사람도 있고, 사람과 공룡이 함께 살았다는 주장을 믿는 사람도 있다.

공룡은 고생물학에서도 특히 척추동물 화석의 가장 주요한 소재 중 하나다. 더욱이 지난 30년간 공룡 연구는 르네상스기를 맞이하고 있다. 새롭고 다양한 공룡 화석들이 세계 곳곳에서 발견되고 있으며, 이러한 공룡 화석은 공룡이 어떤 동물이었는지에 대한 우리의 궁금증을 속속들이 풀어준다. 시조새로만 대변되던 파충류와 조류의 연결고리가 이제 다양한 형태의 공룡 화석과 원시 조류 화석에 의해 이어지고 있고, 깃털을 가진 공룡 화석이 무수히 발견되면서 공룡이 어떤 방식으로 하늘을 날며 새롭게 진화하게 되었는지 구체적으로 밝혀지고 있다. 이제 새가 공룡에서 진화했다는 주장은 전 세계에서 보편적인 정설이 되어가고 있지만, 아직 우리나라 중고등학교 교과서에서는 이를 다루지 않고 있다.

현재 우리나라 서점가에 출판된 공룡 책들을 보면 대다수가 유아용 그림책으로 채워져 있다. 전문서적이 아니더라도 교양서적으로서 청소년들이나 일반인들이 읽을 수 있는 공룡 책은 극히 드물다. 인터넷을 통해 검증되지 않은 공룡 지식이 급속도로 팽창하고 있고, 청소년들은 새로운 지식에 목말라하지만 공룡학계에서 체계적으로 정리해 신뢰도 있는 지식을 전달해줄 만한 책이 거의 전무한 상태다. 공룡에 대한 기본 지식을 전달하고자 2000년에 출간한 나의 『공룡학자 이융남 박사의 공룡대탐험』 이후 23년이 지난 지금 상황은 그때와 크게 달라진 것이 없는 듯하다. 연구와 교육으로 집필을 계속 미루어오던 차에 마침 '서가명강'에서 강연 요청이 있었다. 네 번의 강연을 위해 준비한 내용은 최신의 공룡 연구 결과를 반영한 것이어서 이를 정리해 책으로 낸다면 지난 공백을 어느 정도 보충할 수도 있을 것이라는 생각이 들었다.

이 책은 강연에 기초해 크게 네 개의 주제로 구성되어 있다. 1부는 고생물학이 어떤 학문인지를 소개한다. 화석에 기반한 연구를 수행하는 고생물학은 대부분 대학의 지질학과에서 주전공 분야로 연구된다. 고생물학이 왜 중요한지를 여러 관점에서 실제적 사례를 들어 기술했다. 이 내용은 일반인이나 지질학자들에게 고생물학이 지구의 역사를 복원하는 데에 얼마나 중요한 학문인지를 일깨우고, 장래의 고생물학자가 되려는 학생들에게 자부심을 갖고 고생물학자의 꿈을 향해 정진해나갈 수 있도록 하는 길라잡이가 될 것으로 기대한다.

2부는 한국 화석에 관한 것이다. 세계 각국의 생물들이 서로 다르듯 화석 역시 지역에 따라 시대에 따라 서로 다르다. 우리나라에서 산출되는 화석은 우리나라 지질 역사와 밀접한 관계가 있다. 우리나라에 중생대 암모나이트가 단 한 개도 발견되지 않은 이유와 우리나라에 '한반도 공룡 타르보사우루스*Tarbosaurus* 점박이'가 발견될 수 없는 이유는 명백하다. 고생대와 중생대, 신생대 기간 한반도에 어떤 생물들이 살았는지 화석을 통해 알아본다.

3부는 공룡 발굴에 관한 것이다. 공룡은 컴퓨터에서 만들어지는 것이 아니라 그 시대에 쌓인 퇴적층에 묻혀 있다. 당연히 공룡을 연구하기 위해서는 공룡의 땅으로 탐사를 나가고 발굴을 통해 공룡 화석을 확보하는 일부터 시작한다. 공룡 탐사가 실제 어떻게 이루어지는지 생생한 현장 체험을 통해 전달하고자 한다.

마지막 4부는 우리가 진화적 의미에서 공룡시대에 살고 있다는 것을 지금까지 수집된 매우 훌륭한 증거들을 통해 입증하고자 한다. 물론 이를 반대하는 그룹의 주장도 언급할 것이다. 판단은 독자의 몫이다.

지구의 장구한 생명의 역사를 통해 이어져온 지금의 나의 존재가 정말 얼마나 엄청난 행운의 결과인지를 독자들이 느낄 수 있다면 이 책의 목적은 성공한 셈이다. 이 책을 통해 100년 정도 지구에 머물다가는 나의 존재에 대한 재정립의 기회가 되길 바란다.

2023년 7월

이융남

1부＿＿＿＿＿

우리는
모두

경이로운
진화의

산물이다

화석은 38억 년이라는 긴 시간 동안 지구의 생물들이 어떻게 변화해왔는지를 적나라하게 보여주는, 무엇과도 비교할 수 없는 중요한 기록이다. 화석은 곧 멸종된 생물의 직접적 증거이자 생물의 진화에 대한 해답이다.

땅속에 묻힌 38억 년 생명의 시간

지구에는 얼마나 많은 생물들이 살았을까?

생물은 죽어서 어디로 갈까? 답은 뻔하다. 생물은 죽으면 땅에 묻힌다. 지구의 역사는 약 46억 년 정도로 굉장히 길다. 그 긴 시간 동안 지구는 멈춰 있지 않고 지속적으로 움직였다. 대륙 이동, 환경 변화, 운석… 이러한 숱한 과정과 시기를 거치면서 지구에 살고 있는 생명들, 즉 하등한 동물부터 만물의 영장이라 일컫는 우리 인류까지, 모두는 생존하기 위해 다양한 환경에 적응하며 변화해왔다.

그런데 인류가 지구에서 생존하고 있는 시간은 찰나에 비유할 만큼 굉장히 짧다. 지구의 46억 년의 시간을 한 시간으로 축약해보면 우리 인간, 즉 호모 사피엔스가 지구상에 존재하고 있는 기간은 그중 1초도 채 되지 않는다. 정확히 말해 59분 59.9초에 인류가 출현했다. 인류의 역사를 사람의 팔에 비유하면 손톱 끝만큼, 에펠탑에 비유하면 탑의 맨 꼭대기 첨탑에 칠해진 페인트의 두께 정도라고 말할 수 있다. 오늘날 우리는 우리가 마치 지구의 주인인 것처럼 살아가고 있지만, 인류가 출현하기 이전부터 아주 많은 다양한 생물이 지구상에 존재해왔다. 과거에 살았던 이 생물들을 연구하는 분야가 바로 고생물학이다.

그럼 현재 지구상에 살고 있는 생물 종의 수는 도대체 얼마나 될까? 지금까지 찾아낸 생물의 종류는 180만 종이다. 찾지 못한 종의 수를 합치면 1,000만 종이라는 사람도 있고, 1억 종이라는 사람도 있다. 2011년에 발표된 논문에 의하면 현재 지구에는 약 870만 종 정도가 살고 있다고 한다.[1] 그렇다면 여기서 우리는 문득 이러한 궁금증을 갖게 된다. 지금 살아 있는 생물의 종 수가 그 정도라면 이미 멸종해버린 생물의 종 수는 얼마나 될까? 지구에 살았던 모든 생물의 종은 그 수가 도대체 얼마나 될까?

지구에 생물이 출현한 시기는 약 38억 년 전이다. 그때는 지극히 하등한 단세포 동물 정도였고, 종의 수도 많지 않았다. 지질시대 중 선캄브리아시대 이후인 현생 누대 즉, 고생대 바로 이전부터 생물이 많아지기 시작했다. 그러면 생물이 다양해지기 시작한 것은 약 6억 년 전부터이고, 생물이 1차 함수적으로 꾸준히 증가해 현재의 약 1,000만 종에 이르렀다고 가정해보자. 보통 하나의 종이 지구상에서 살아가는 지속 시간은 300만 년 정도밖에 되지 않는다. 영원히 존재하는 생물은 없다. 이것을 단순하게 계산해보면 다음과 같다.

$$(0+10{,}000{,}000)/2 \times (600{,}000{,}000)/(3{,}000{,}000) = 1{,}000{,}000{,}000$$

만일 이 계산이 옳다면 그동안 지구상에 살았던 생물의 총 수는 10억 종! 어마어마한 숫자다. 그렇다면 현재 살아 있는 생물 종의 수가 1,000만 종이므로 우리는 이러한 지구의 역사를 통해 99퍼센트의 생물이 멸종했다는 것을 알 수 있다. 그런데 우리가 지금까지 지층에서 찾은 화석의 종수는 20만 종밖에 되지 않는다. 그렇기 때문에 99.98퍼센트는 아직도 발견되지 않았고, 그것들을 지속적으로 찾아내는 것이 우리 고생물학자의 임무다.

왜 지구에 살았던 10억 종의 생물 중 현재까지 극히 일부만 발견되고 있을까? 옛날에 살았던 생물들이 모두 다 화석이 되어 어딘가에 묻혀 있었다면 그것을 찾는 일이 아주 쉬웠을 텐데, 그렇지 않기 때문이다. 모든 생물 개체는 태어나면 죽게 마련이고, 죽은 뒤 화석이 되려면 땅속에 묻혀야 한다. 그런데 땅속에 묻히기도 전에 대부분의 생물들은 쉽게 분해된다. 썩거나 부서지거나, 물과 바람에 마모되거나 날리거나 하면서 사라져버리는 것이다. 죽고 난 뒤 최대한 빨리 땅속에 묻혀야 화석으로 보존될 가능성이 높아진다.

그렇더라도 모든 생물이 다 화석이 되지는 않는다. 땅속에 묻혔더라도 몸에 단단한 부분이 있는 생물은 좋은 화석이 되지만 몸이 연약한 부분으로만 이루어진 생물은 그렇지 않다. 오늘날 지구상에 존재하는 가장 많은 생물이 곤충인데, 곤충 화석은 상대적으로 그 수가 매우 적다. 그 이유는 곤충의 몸은 쉽게 부서지는 특성이 있어서 화석이 잘 안 되기 때문이다.

그뿐만 아니라 어디에 묻혔느냐에 따라서도 화석이 잘

©Celeda

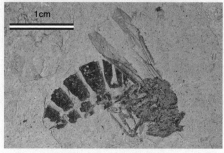

시베리아에서 발견된 새끼 매머드 화석(위)
탄소 성분으로 암석에 찍힌 곤충 화석(아래)

되는 경우가 있고, 그렇지 않은 경우도 있다. 바람이 심해 풍화가 빠르게 일어나는 사막 지역 같은 곳에서는 생물이 땅속에 묻히기도 전에 많은 부분이 부서져 사라져버린다. 반면 물속 같은 곳에 잠긴 채 죽었을 경우에는 시체가 훼손되기 전 그 위에 퇴적물이 쌓이면서 그래도 조금은 온전한 화석으로 남을 수 있다.

그렇게 해서 묻히더라도 또 다른 문제에 직면하게 되는데, 땅속에서 오랜 시간을 거치면서 점차 변질된다는 것이다. 앞쪽 사진의 시베리아 동토에서 발견된 새끼 매머드처럼 살이 그대로 남아 있는 아주 극히 예외적인 경우도 있지만 대부분의 생물들은 땅속에 묻힌 지 오랜 시간이 지나면 부드러운 부분은 썩어서 사라져버린다. 척추동물의 경우에는 단단한 뼈만 화석으로 남고, 연약한 곤충의 경우에는 대부분의 성분은 휘발되고 탄소 성분만 남아 암석의 표면에 그 형태를 남기는 경우도 있다.

또 석회질의 단단한 껍데기를 가진 연체동물이나 완족동물 화석의 일부는 물속에 녹아 있는 광물로 서서히 치환되면서 다른 성분이 되기도 한다. 금색으로 보이는 암모나이트는 황동으로 치환된 것이다(자료1).

사람들은 오랜 과거부터 땅속에 화석이 있다는 것을 알아
차렸다. 그것들이 과거 지구에 살았던 생물의 잔해라는 것
을 올바르게 인지한 것은 18세기에 이르러서였다. 화석
의 가치를 처음으로 알아낸 사람은 영국의 윌리엄 스미스
William Smith다. 많은 학문이 영국에서 처음 시작되었고, 특히
지질학이나 고생물학은 영국 귀족들이 취미삼아 연구하던
학문이었다. 하지만 스미스는 천민 출신의 토목기사였다.
그는 토목 공사를 위해 땅을 파다가 지층 속에서 화석을 발
견했다. 그런데 신기하게도 조금 떨어진 곳에서 땅을 팠을
때도 똑같은 화석이 발견되었다. 스미스는 상하부의 층마
다 새로운 종류의 화석이 존재한다는 사실을 알게 되었다.
같은 종류의 화석은 그 화석이 묻힌 지층의 시대가 같다는
것을 의미한다. 스미스는 암석의 종류가 달라져도 같은 화
석이 발견된다는 사실은 화석이 지층을 대비하는 데에 매
우 유용하게 쓰일 수 있다는 것을 바로 알아차렸다. 결국
그는 같은 화석이 나오는 지층을 같은 색깔로 칠해 표시한
'지질도'를 1815년에 세계 최초로 작성하게 된다(자료2).

영국에서 처음으로 작성된 이 지질도는 오래된 지층인

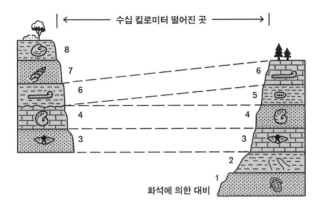

수십 킬로미터 떨어진 곳

8
7
6
4
3

6
5
4
3
2
1

화석에 의한 대비

동물군천이의 법칙

지, 젊은 지층인지, 다른 지역과 떨어져 있지만 같은 시대
에 쌓인 지층인지 등을 알 수 있게 해주는 아주 중요한 자료
가 되었고, 이러한 업적으로 스미스는 '층서학의 아버지'로
불리게 된다. 스미스가 제안한 동물군천이의 법칙principle of
faunal succession은 퇴적층별로 고유한 화석군이 존재하며 하부
지층에서부터 상부 지층으로 가면서 순차적으로 화석군이
변해간다는 법칙이다. 화석에 의한 지층 대비가 암석 종류
에 의한 대비보다 훨씬 정확하다는 것을 입증한 것이다.

　예를 들면 '동물군천이의 법칙'에서 보듯이 왼쪽 지역
의 지층에서 발견된 화석들이 그로부터 멀리 떨어진 오른쪽 지역의 지층에서도 화석의 순서가 똑같은 패턴으로 발견되고 있는 것을 알 수 있다. 이렇게 멀리 떨어진 지역이라도 똑같은 생물의 화석이 발견된다면 그 지층이 같은 시기에 쌓였다는 것이다. 또한 오른쪽 지역의 5번 지층에 있는 화석은 왼쪽 지역에는 존재하지 않는다. 이것을 통해 우리는 왼쪽 지역에는 오른쪽의 5번 화석이 만들어진 그 시대의 지층이 쌓이지 않았거나 쌓인 후 침식되어 없어진 것으로 해석할 수 있다. 이렇게 시간의 공백이 있는 지층면을 부정합면이라고 한다.

여기서 중요한 점은 각기 다른 지역에서 똑같은 화석이 발견되었더라도 그 화석이 묻힌 암석의 종류는 다를 수 있다는 것이다. 예를 들어 '동물군천이의 법칙'에서처럼 왼쪽과 오른쪽 지역에서 모두 똑같이 3이라는 화석이 발견되었더라도 왼쪽 3의 화석이 묻힌 지층은 사암인 반면, 오른쪽 3의 화석이 묻힌 지층은 석회암이다. 이를 통해 우리는 화석이 묻힌 환경이나 암석의 종류에 상관없이 이들이 같은 시대에 살았던 생물이라는 것을 알 수 있다. 화석은 이렇게 동시대를 확인할 수 있는 매우 유용한 도구이자 전 세계의 지층을 대비할 수 있는 방법이 되었다.

우리가 흔히 사용하는 고생대, 중생대, 신생대라는 말은 화석에 기초해 만들어진 구분이다. 각 시대의 경계를 기준으로 하부층과 상부층의 화석 산출 양상이 크게 차이가 났기 때문이다. 두 경계를 따라 이러한 큰 생물의 변화가 있었던 이유는, 후에 밝혀졌듯이 지구상에 일어났던 다섯 번의 대멸종 중 가장 큰 두 개의 대멸종이 이 시기에 있었기 때문이다. 중생대를 더 구분하면 트라이아스기, 쥐라기, 백악기 순서로 나뉘는데, 이때 '기period'라는 것을 먼저 확립했다. 화석을 이용해 유럽에 분포하는 지층들을 대비해 나가면서 어느 지층이 오래되었고, 어느 지층이 더 젊은 지층인지가 알려지기 시작했다.

19세기 초반부터 지질학자들은 앞다퉈 전 유럽 지역에서 이러한 작업을 진행했다. 고생대의 경우는 영국에서 화석을 통해 캄브리아기Cambrian Period, 오르도비스기Ordovician Period, 실루리아기Silurian Period 등으로 구분했다. 이제 비로소 캄브리아기는 오르도비스기보다 상대적으로 더 오래된 시대라는 것을 세상 사람들이 다 알 수 있게 된 것이다. 중생대의 경우 트라이아스기Triassic Period에서 '트라이'는 세 개라는 뜻이다. 독일 라인강 골짜기의 쥐라기 지층 맨 아래에는 붉은 사암층, 그다음에는 석회암층, 그리고 그 위에는 다시 붉은 사암층 이렇게 '세 개'의 층이 있는데 바로 여기서 트라이아스기라는 이름이 붙여졌다. 우리가 알고 있는 모든 지질시대의 이름은 19세기 초에 이미 다 완성되었다.

그렇다면 문득 이러한 의문이 들 수 있다. '5억 년 전의 캄브리아기 지층' 혹은 '1억 4,500만 년 전에 백악기가 시작되었다'라는 것을 어떻게 알 수 있었을까? 그것은 바로 절대적 시간을 통해서다. 1896년에 프랑스의 물리학자 앙투안 베크렐Antoine Becquerel이 방사능을 발견하게 되었고, 1907년에 이것을 암석의 절대 연령을 측정하는 데에 처음으로 사용했다. 그러면서 한 지층을 조사한 결과 그것이 약 16억 년이나 되었다는 사실을 알아냈다. 이러한 사실을 알 수 있는 것은 '방사성동위원소의 반감기'를 통해서다.

우라늄-238은 납-206으로 바뀌는 데에 45억 년이 걸리고, 우라늄-235는 납-207로 바뀌는 데에 7억 년이 걸린다. 예를 들어 어떤 지역의 암석을 조사할 때 그 암석 속에 포함된 지르콘이라는 방사성 우라늄이 들어 있는 광물을 채취해 실험실에서 질량분석기로 정량분석을 했는데, 그

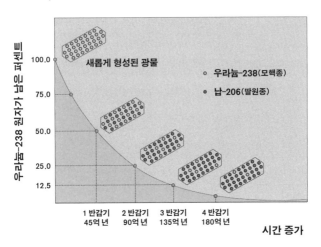

세로축: 우라늄-238 원자가 남은 퍼센트

100.0

75.0

50.0

25.0

12.5

새롭게 형성된 광물

○ 우라늄-238(모핵종)

● 납-206(딸원종)

| 1 반감기 | 2 반감기 | 3 반감기 | 4 반감기 |
| 45억 년 | 90억 년 | 135억 년 | 180억 년 |

시간 증가

방사성동위원소 반감기의 예

$^{238}U \rightarrow {}^{206}Pb$ (45억 년)

$^{235}U \rightarrow {}^{207}Pb$ (7억 년)

$^{87}Rb \rightarrow {}^{87}Sr$ (470억 년)

$^{40}K \rightarrow {}^{40}Ar$ (13억 년)

$^{14}C \rightarrow {}^{14}N$ (5,700년)

결과 우라늄-235가 50퍼센트, 납-207이 50퍼센트였다. 이렇게 1대 1의 비율이 나타난다는 것은 우라늄-235가 반으로 줄어 납-207이 되었다는 것을 의미한다. 그렇다면 이 암석은 나이가 7억 년인 것이다. 그러니까 우라늄과 납에 남아 있는 상대적 비율을 바탕으로 암석의 나이를 역으로 계산할 수 있다.

지구의 나이가 46억 년이나 되었다는 것을 알아낸 방법 또한 마찬가지다. 1950년대, 태양계가 만들어지면서 지구 상에 떨어진 모든 운석들의 절대적 시간을 조사한 결과 가장 오래된 운석의 나이가 45억 6,000만 년이었고, 이를 토대로 지구가 약 46억 년 전에 만들어졌다는 것을 알아냈다. 당시로서는 획기적인 방법이 아닐 수 없었다. 그렇다면 어떤 곳에 있는 어떤 암석이든 방사성동위원소를 측정하면 암석의 나이를 알 수 있지 않느냐고 생각할 수도 있는데, 그렇지는 않다. 방사성동위원소는 마그마에서 광물이 만들어질 때 방사성원소가 생성되고 마그마가 식어 암석이 되면 그때부터 붕괴를 시작하기 때문이다. 이 말은 주로 화성암일 경우에만 그 방법이 통하는 것이지, 풍화되면서 이동해 쌓여 만들어지는 퇴적암에서는 이 방법을 사용할 수 없다는 뜻이다. 게다가 더 중요한 이유는 우리가 살고 있는 지구의 지표를 덮고 있는 지층의 70퍼센트가 퇴적암이라는 점이다.

그렇기 때문에 지표에 드러난 지층의 나이를 알기 위해 방사성동위원소는 부차적으로 사용될 수밖에 없다. 즉 퇴적암의 나이를 알아내는 가장 좋은 방법은 화석이며, 특히 지질시대를 세분화해 알려주는 화석을 표준 화석이라고 부른다. 삼엽충, 암모나이트, 유공충 같은 화석들이 대표적인 표준 화석이다. 오늘날 국제적으로 통용되고 있는 상세한 지질 연대표를 만들어낼 수 있었던 것은 지금까지 많은 지질학자들과 고생물학자들이 화석을 이용한 상대적 나이와 방사성동위원소의 절대적 나이를 종합해 완성한 결과 덕분이다. 매년 새로운 측정법과 더 중요한 화석들이 발견되면서 지질시대의 정확도는 더욱더 높아지고 시대 구분은 더욱더 세분화되고 있다.

대륙의 이동은
끝나지 않았다

화석은 산출되는 화석군의 동정을 통해 지층의 나이를 알려주는 것 외에도 아주 큰 역할을 한다. 화석을 통해 우리는 대륙의 위치가 과거에는 오늘날과 매우 달랐으며, 이는 대륙이 부동의 상태가 아니라 움직이고 있다는 것을 알 수 있다. 뒤의 지도에 나타나 있는 것처럼 남미와 아프리카에서 똑같은 고생대 화석들이 발견되고 있지만 두 대륙은 현재 대서양을 사이에 두고 멀리 떨어져 있다. 육지에 살던 같은 종의 생물들이 어떻게 이렇게 멀리 떨어진 곳에 존재하는 것일까?

함께 발견되는 생물 종은 육상동물인 수궁류, 해안가에

살던 메소사우루스라는 파충류, 글로소프테리스라는 식물 등 다양하다. 육지에서 살아가는 생물들이 거대한 대서양을 헤엄쳐 건너갔을 리는 만무하다. 하지만 관점을 달리해 이 두 대륙이 고생대 말에는 붙어 있었다고 생각해보면 쉽게 답을 찾을 수 있다. 하지만 보통사람들이 '대륙이 움직이는 것이 아닐까?'라는 생각을 하기는 쉽지 않다. 고생대 말 페름기에 남반구는 아프리카, 남미, 인도, 호주, 남극대륙이 모두 붙어 있었는데, 이것을 곤드와나^{Gondwana}대륙이라고 한다.

대륙이동설을 처음으로 제안한 사람은 독일의 기상학자이자 지구물리학자 알프레트 베게너^{Alfred Wegener}다. 기상학에 관심이 많았던 베게너는 1906년에 그린란드를 탐험해 1912년에 대륙이동설을 발표하고, 1915년에는 『대륙과 해양의 기원』이라는 저서를 발간했다. 그는 그린란드를 모두 세 차례 탐험했는데, 1930년 세 번째 그린란드 탐험 중 조난되어 사망했다. 베게너는 여러 대륙에서 나타나는 빙퇴석이나 열대우림에 쌓여 있던 석탄 등을 비교해 대륙이 붙어 있을 수밖에 없었다는 사실을 주장했다.

사람들은 그의 주장을 그럴듯하게 여겼지만 한 가지 풀

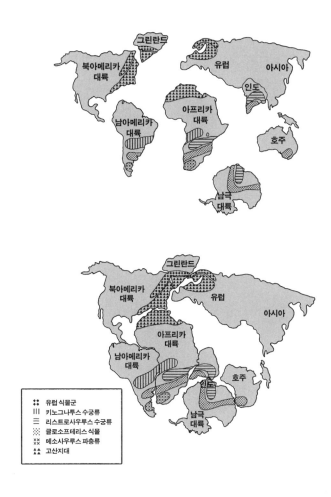

대륙이동설로 설명한 화석과 산맥의 분포. 현재(위), **석탄기**(아래)

리지 않는 의문이 있었다. 붙어 있던 대륙이 과연 어떻게 분리되어 움직였는가 하는 것이다.

사람들은 대륙이 움직였다면 그것을 가능하게 한 원동력이 도대체 무엇인지에 대해 의문을 제기했다. 베게너는 조력, 즉 조수간만의 차이로 생기는 힘에 의해 대륙이 움직였다고 생각했다. 하지만 과학자와 수학자들이 조석 마찰력에 의해 대륙이 움직이는 현상이 과연 가능한지를 계산한 결과 그것은 불가능한 일로 밝혀졌다. 결국 베게너가 대륙이 움직이는 원동력을 잘못 제시하는 바람에 그의 혁신적인 대륙이동설은 잊히고 말았다.

하지만 아프리카와 알프스 산맥의 연구자들은 대륙 이동의 필요성을 인식했다. 왜냐하면 알프스의 커다란 단층과 습곡들은 대륙의 움직임 없이는 설명하기 어려웠기 때문이다. 드디어 1950년대에 판구조론이 등장하면서 지각 아래에 있는 상부 맨틀에 부분적으로 녹은 맨틀 물질이 연약한 층을 만들어 그 위의 지판을 움직일 수 있다는 것을 알게 되었다. 이것이 바로 맨틀대류설이다. 맨틀 내부에서 일어나는 매우 느린 대류에 의해 그 위에 떠 있는 지판(대륙 지각과 해양 지각 + 상부 맨틀)이 움직이게 되는 것이다.

대서양과 삼엽충

판구조론이 등장한 뒤 1966년 초 캐나다의 지질학자 존 투조 윌슨$^{John Tuzo Wilson}$이 《네이처》에 「대서양은 닫혔다가 다시 열렸나?」라는 제목의 아주 흥미로운 논문을 발표했다. 그는 이 논물을 통해 고생대 말에 판게아^{Pangaea}라고 하는 거대한 초대륙이 갈라져 대서양이 만들어졌는데, 그 이전에도 북미대륙과 유럽 사이에 바다가 있었다는 사실을 삼엽충을 통해 밝혀냈다.

영국의 고생대 초기 삼엽충을 보면, 북쪽 스코틀랜드 지역의 삼엽충과 남쪽 웨일스 지역의 삼엽충은 같은 시기임에도 불구하고 종이 서로 다르다. 이러한 현상은 판구조론에 의해 쉽게 설명된다. 영국의 고생대 초기 수륙 분포를 보면 그린란드와 북미 동쪽, 그리고 영국의 스코틀랜드 지역에서는 모두 같은 종류의 삼엽충이 산출되지만 북서 아프리카와 서유럽, 영국 웨일스 지역에서는 이와 다른 삼엽충이 발견된다.

그 이유는 간단하다. 그 당시 두 지역은 큰 바다로 분리되어 있어서 해저 얕은 바닥에 사는 저서성 동물인 삼엽충은 서로 서식지가 달라 다른 종이 존재했던 것이다. 이를

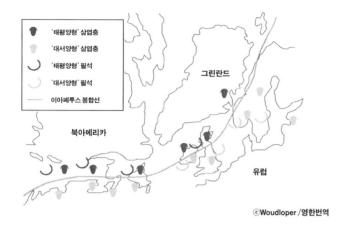

데본기와 페름기 사이, 이아페투스 바다가 닫히면서 남북으로 떨어져 있던 섬들이 합쳐져 영국과 아일랜드 섬이 됨.

바탕으로 월슨은 대서양 이전에 또 다른 바다, 즉 이아페투스Iapetus라는 바다가 있었다는 것을 증명했다.

결국 고생대 초기에 영국의 스코틀랜드 지역과 웨일스 지역은 그 사이에 이아페투스라고 하는 커다란 바다에 의해 분리되어 있었다. 그러다가 고생대 말 판게아가 형성될 때 영국 땅도 하나로 합쳐졌고, 이후 또다시 판게아 대륙이 분리되면서 대서양이 만들어질 때 영국의 땅은 한덩어리로 유럽 쪽에 위치하게 된 것이다.

인류가 화석을 통해 알아낸 아주 중요한 정보 중 또 하나는 지질시대를 통해 다섯 번의 대멸종이 있었다는 것이다. 우리가 알고 있는 고생대와 중생대의 경계, 그리고 중생대와 신생대의 경계가 사실은 지구상에 있었던 첫 번째와 두 번째의 가장 큰 대멸종 사건이다. 우리가 고생대와 중생대를 따로 구분하는 이유는 화석의 기록이 너무나도 다르기 때문이다.

고생대 말까지 엄청나게 번성하던 생물들이 중생대 시기가 시작될 때 갑자기 사라졌다. 해양생물의 96퍼센트가 사라졌고 육상 척추동물도 70퍼센트가 사라졌다. 실로 거의 모든 생태계가 완전히 파괴된 것이다. 중생대가 끝날 때도 대규모의 멸종이 일어났다. 암모나이트와 수장룡 같은 해양생물이 완전히 사라졌고 육상에는 공룡, 하늘에는 익룡이 완전히 멸종했다. 육해공에 영향을 준 엄청난 재앙이 있었던 것이다.

그 원인으로 지목된 것은 멕시코에 떨어진 지름 10킬로미터의 운석과 인도의 거대한 용암 대지인 데칸고원을 만든 대규모의 화산 폭발이다. 이러한 사실은 우리 인류도 언

현재

- ☐ 태평양 동물군 지역
- ☐ 대서양 동물군 지역
- ◝ 원시 대서양 봉합선

상부 고생대-하부 중생대

- ☐ 태평양 동물군 지역
- ☐ 대서양 동물군 지역
- ■ 해령
- ◝ 원시 대서양 봉합선

하부 고생대

- ☐ 태평양 동물군 지역
- ☐ 대서양 동물군 지역
- ■ 호상열도
- ◝ 원시 대서양 봉합선

이아페투스 바다가 있던 위치와 비슷하게 다시 만들어진 대서양

제든지 외부 요인에 의해 멸종할 수 있다는 것을 보여준다. NASA에서는 지구를 향해 다가오는 운석을 지구에 충돌하기 전 파괴시키는 아마겟돈 프로젝트를 진행하고 있으며 지구 주위의 운석들을 면밀히 모니터링하고 있다. 만약 우리가 공룡의 멸종 원인을 몰랐더라면 이러한 준비는 생각지도 않았을 것이다. 화석 기록은 과거에 일어난 대재앙이 우리가 살고 있는 현재 혹은 미래에도 일어날 수 있다는 것을 분명히 보여주고 있다.

그 외에도 인류는 화석에게 엄청난 빚을 지고 있다. 그것은 바로 우리가 에너지원으로 사용하는 석유와 석탄이다. 물론 석탄은 대기오염과 지구온난화의 주범으로 소비량을 강압적으로 줄이고 있지만 그래도 전 세계에서 매년 80억 톤의 석탄을 소비한다. 석탄은 과거에 살았던 식물들의 화석이고, 매일 1억 배럴을 소비하는 석유는 과거에 살았던 미생물들이 쌓여 만들어진 연료다. 모두 다 과거에 살았던 생물들의 잔해인 화석 덩어리다.

요즘 세대들이라면 석탄이나 석유 대신 전기차처럼 전기를 사용하면 되지 않느냐고 말할 수도 있다. 하지만 우리가 흔하게 사용하는 그 전기는 어디서 나올까? 전기도 발전소를 돌려야 하고, 발전소를 돌리려면 석탄이나 석유를 태워야 한다. 풍력에너지, 태양에너지, 원자력에너지가 인류가 필요로 하는 에너지를 완전히 대체할 수 없다면 우리는 여전히, 그리고 앞으로도 몇백 년간은 화석 연료에 의존할 수밖에 없다.

지금 이 순간에도
생명은 진화한다

다윈, 종의 기원을 말하다

고생물학은 지질학의 핵심 부분을 담당하지만, 생물학에서의 화석의 가치는 상상 이상이다. 화석은 오늘날 지구가 왜 이렇게 다양한 생명체들이 넘쳐나는 독특한 행성이 될 수 있는가에 대한 해답을 준다. 지구상의 모든 생명체는 일시에 갑자기 창조된 것이 아니다. 우리는 부모님으로부터 태어났고, 부모님은 부모님의 부모님으로부터 태어났고… 각각의 종은 이렇게 조상이 있었을 것이고 과거로 계속 거슬러 올라가면 새로운 종이 분기하는 시점을 만나게 된다. 즉 모든 종은 과거 공통 조상을 가지면서 마치 나무의 가지처럼 진화해왔다. 이러한 진화 메커니즘을 가장 잘 해석한 사람이 영국의 찰스 다윈Charles Darwin이다. 물론 다윈 이전에도 프랑스의 박물학자이자 진화론자인 장 바티스트 라마르크Jean Baptiste Lamarck가 진화론을 이야기하긴 했지만 유감스럽게도 라마르크의 '용불용설(자주 사용하는 기관은 세대를 거듭함에 따라 잘 발달하며, 그렇지 못한 기관은 점점 퇴화해 소실되어 간다는 학설)'은 비과학적 이론이었다.

다윈은 아주 독특한 경력을 가지고 있다. 원래 그는 부모님의 뜻에 따라 의대에 들어갔지만 의학 공부에 크게 흥미를 느끼지 못하고 도중에 학업을 그만두었다. 그러자 부모님은 그에게 신학을 권했고 그는 다시 케임브리지대학교에서 신학을 공부하게 된다. 하지만 그는 신학 공부에도 이렇다 할 흥미를 느끼지 못했다. 그 무렵 다윈에게 아주 설레고 흥분되는 기회가 찾아왔다. 배를 타고 5년 동안 전세계를 돌아다니면서 곳곳의 생물들을 수집하는 박물학자의 조수를 찾는다는 소식을 듣게 된 것이다. 그는 주저 없이 그곳에 지원해 비글호에 오르게 된다. 그렇게 해서 5년 동안 세계 곳곳을 돌아다니며 많은 것을 보고 경험한 다윈은 이를 계기로 진화론에 대한 영감을 얻게 된다.

그 당시 다윈이 가장 즐겨 읽던 책은 영국의 지질학자

찰스 라이엘Charles Lyell의 『지질학의 원리Principles of Geology』였다. 그는 배 안에서 이 책을 몇 차례나 읽고 또 읽었다. 그러면서 그는 지구가 굉장히 오래된 행성이라는 것을 깨닫게 된다. 당시만 해도 중세에서 벗어나 근세로 오기는 했지만 여전히 종교의 영향을 크게 받던 때였다. 많은 사람들이 여전히 지구의 나이가 6,000년이라고 믿고 있었다. 그런 사회 분위기 속에서 다윈은 지질학의 원리를 통해 지구가 굉장히 오래된 행성이라는 것을 알게 되었다.

다윈은 자연선택natural selection이라는 메커니즘에 의해 생물이 진화한다는 것을 알게 되었지만 이것을 공표하지는 못했다. 당시의 사회적 분위기 속에서 이러한 사실을 발표할 경우 어마어마한 찬반 논란이 벌어질 게 뻔했기 때문이다. 그러던 중 1858년에 유명한 진화생물학자인 앨프리드 러셀 윌리스Alfred Russel Wallace가 다윈에게 한 통의 편지를 보내왔다. 자신이 「변종이 조상 종으로부터 벗어나려는 경향에 관하여」라는 논문을 쓰려고 하는데 이것을 한번 살펴봐 달라는 요청이었다. 다윈은 윌리스의 논문이 자신의 아이디어와 너무나도 유사한 것을 보고 몹시 당황했다. 그는 서둘러 자신이 먼저 책을 출간하기로 마음먹고는 다음 헤인

1859년에『종의 기원The Origin of Species』이라는 제목으로 발표한다.

　다윈이 즐겨 읽던 찰스 라이엘의『지질학의 원리』에는 '동일과정설uniformitarianism', 즉 과거에 있었던 지질 사건은 현재의 현상을 관찰함으로써 설명할 수 있다는 원리가 이미 담겨 있었다. 오늘날 지구에서 일어나는 지질학적 현상이 과거에도 똑같이 일어났으며 마찬가지로 생물 또한 오랜 기간 변해왔다는 다윈의 주장은 바로 라이엘의 이 원리를 근간으로 한다. 19세기 중반에는『종의 기원』이 나올 수밖에 없는 사회적 환경이 이미 조성되어 있었다. 생물의 학명을 속명과 종명으로 표현하는 이명법이 이미 만들어졌고, 동일과정설과 라마르크의 용불용설은 이미 생물이 변할 수 있다는 것을 주장하고 있었다.

　결정적인 것은 영국의 경제학자이자 사회사상가인 토머스 맬서스Thomas Malthus의『인구론』이라는 책이었다. 인구는 기하급수적으로 늘어나는데 식량은 그렇지 못하기 때문에 생존하기 위해서는 부득이 서로 경쟁할 수밖에 없다는 것이 이 책의 핵심 내용이다. 프랑스 동물학자 조르주 퀴비에Georges Cuvier는 생물도 멸종한다고 주장했다. 화석에서 지금은 존재하지 않는 다른 생물들이 발견됨으로써 생물이 멸종한다는 사실을 이제 모든 사람이 알게 된 것이다. 그 당시 사람들은 생물이 멸종한다는 사실을 인정하지 못했다. 모든 생물은 창조주가 완벽하게 만들어낸 것이기 때문에 그런 완벽한 존재가 멸종한다는 것은 당연히 받아들일 수 없는 개념이었다. 퀴비에가 화석을 통해 생물이 지구상에 출연한 뒤 수많은 멸종이 일어났고 어느 시점에 생물은 반드시 멸종하게 되어 있다는 것을 알아낸 것이다.

다윈은 이러한 여러 학설과 주장들을 종합해 생물이 진화한다는 사실을 알게 되었다. 다윈은『종의 기원』첫 번째 판에서는 '진화'라는 용어를 사용하지 않고 대신 '변화된 자손'이라는 문구를 사용했다. 다윈의 위대함은 인간도 다른 종에서 진화했다는 것을 명확히 했다는 사실이다. 이러한 혁신적인 주장을 한다는 것은 그 당시 사회 분위기에서 쉽지 않은 용기였다. 이러한 점이 다윈의 진화론이 지금까지 가장 확고하게 정립된 과학적 이론으로 인정받고 있는 이유다.

다윈은 자연과학자로서의 기질이 매우 뛰어났던 사람이다. 그는 자연을 그냥 대하는 것이 아니라 집중해서 관찰하는 능력이 탁월했다. 다윈의 놀라운 관찰 중 첫 번째는 같은 종이라도 개체마다 특성이 다르다는 것이다. 호모 사피엔스인 인간도 마찬가지다. 일란성 쌍둥이가 아닌 이상 지구상의 모든 인간은 키, 체형, 피부색, 얼굴 모양 등등 모든 것이 다르게 생겼다. 같은 종의 달팽이도 자세히 들여다보면 달팽이집의 줄무늬와 색 등이 모두 제각각이다. 이것을 개체변이individual variation라고 한다. 암컷과 수컷이 결합해 새끼를 낳는데 왜 붕어빵처럼 똑같지 않고 조금씩 다르게 태어나는 것일까?

두 번째 관찰은 모든 종은 환경이 지원할 수 있는 것보다 더 많은 새끼를 낳는다는 것이다. 예를 들어 크기가 아주 큰 물고기인 개복치는 한 번에 알을 2억 개나 낳는다. 열빙어도 마찬가지로 많은 수의 알을 낳는다. 그렇게 낳은 알들이 모두 다 성체가 된다면 지구에 존재하는 생물의 수는 어마어마해질 것이다. 하지만 그중 살아남아 성체가 되는 개체는 10여 마리도 안 된다.

그러면 생물들은 왜 그렇게 필요 이상으로 많은 수의 알을 낳는 것일까? 결국 이러한 현상을 통해 우리는 생존하기 위해 개체들 간에 어쩔 수 없이 경쟁이 일어날 수밖에 없다는 결론에 이르게 된다. 맬서스가 『인구론』에서 주장한 것처럼 먹이는 한정되어 있는데 개체수가 많다 보면 서로 경쟁할 수밖에 없고, 그리고 결정적으로 치열한 경쟁 속에서 생존한 개체만이 짝을 찾아 번식하게 된다. 내가 생존하지 못하면 당연히 나의 유전자는 다음 세대로 이어지지 못한다. 생존을 위해 모든 생물들은 엄청난 노력을 하게 되는 것이다.

　　다윈의 세 번째 관찰은 이렇다. 말레이시아에 서식하는 꽃사마귀는 겉에서 보면 사마귀라기보다 흡사 꽃잎처럼 보인다. 반면 같은 사마귀과인 아프리카에 서식하는 막대사마귀는 그 모습이 나뭇가지와 흡사하다. 왜 그럴까? 천적에게 잡아먹히지 않기 위해 변장을 하는 것이다. 그렇지 않고 쉽게 눈에 띄면 천적에게 바로 잡아먹힐 테고, 그러면 번식을 하지 못할 테고, 번식을 못하면 나의 유전자도 더이상 이어지지 않을 테니 죽지 않기 위해 최대한 환경에 적응하는 것이다. 생존을 위해 생물들이 얼마나 노력을 하는

지 알아보자.

나미비아의 칼리하리 사막은 지구상에서 가장 건조한 곳이다. 이곳에 아주 독특한 풍뎅이가 살고 있다. 모든 생물이 생존하기 위해서는 물이 필요한데, 이 풍뎅이는 1년 내내 비가 오지 않는 이곳에서 살아남기 위해 새벽이면 모래사막 꼭대기로 기어오른다. 습기를 머금은 구름이 높은 사구 정상에 걸치면 온몸으로 그 수증기를 받기 위해서다. 사구 정상에 오른 풍뎅이는 머리를 땅에 박고 배를 하늘로 향해 들어 올려 물구나무서기를 한다. 그러면 수증기가 배에 있는 골을 따라 흐르면서 물방울들이 맺힌다. 이렇게 모인 작은 물방울들은 머리 방향으로 난 배의 골을 타고 내려와 입으로 흘러들어간다. 한 방울의 물이라도 섭취하기 위해 이 풍뎅이의 몸은 사막이라는 환경에 완벽하게 적응하도록 진화한 것이다.

만약에 사막의 환경에 맞춰 변화하지 않았다면 풍뎅이는 이미 멸종했을 것이다. 즉 환경에 잘 적응한 개체들은 살아남아 자기 유전자를 다음 세대로 전달한다. 진화는 나 스스로 변화해 이루어지는 것이 아니라, 자연이 환경에 더 잘 적응한 개체들을 솎아내는 것이다.

다윈의 네 번째 관찰은 부모의 특징이 자식에게로 전달된다는 것이다. 인간은 자기와 닮은 자식을 낳고, 동물들도 자기와 똑같이 닮은 새끼를 낳는다. 이렇게 자식을 낳음으로써 나의 특성이 다음 세대에 그대로 이어지는데, 환경에 잘 적응해 생존한 동물들은 짝을 지어 새끼를 낳을 수 있지만, 그렇지 못한 동물들은 죽는다.

예를 들어 기린의 목은 왜 길어졌을까? 사람과 똑같이 목뼈의 마디 수는 일곱 개인데 기린은 왜 목뼈가 그렇게 길어졌을까? 아주 오래전에 살았던 기린 조상의 목은 지금처럼 길지 않았다. 그런데 아프리카가 사바나 환경으로 바뀌면서 초원 지대의 나무들이 거의 다 말라 죽고 먹을 수 있는 나뭇잎은 나무의 높은 곳밖에 남지 않았다. 낮은 곳의 잎들은 다양한 초식동물에 의해 남아 있기가 힘들다. 이러한 상황에서 기린 개체 중 목이 길고 키가 큰 기린만이 조금 더 높은 곳의 나뭇잎을 먹을 수 있었고, 그렇게 살아남은 목이 긴 기린들은 짝짓기를 통해 목이 긴 새끼를 낳을 수 있었다.

하지만 키가 작고 목이 짧은 기린들은 먹이를 섭취하지

못해 생존 자체가 어려워졌고, 당연히 새끼를 낳을 기회를 갖지 못한 채 죽음을 맞이했다. 즉 유전자풀이 점점 더 키가 큰 기린 쪽으로 우세하게 변해간 것이다. 다시 말해 환경에 잘 적응하는 생물들은 어떻게든 살아남아 후손을 만들어 자기의 유전자를 남길 수 있지만 그렇지 않은 생물들은 그런 기회조차 갖지 못한 채 멸종할 수밖에 없다. 이것이 다윈의 다섯 번째 관찰이다. 여기서 자연선택이 작용한다. 자연선택을 통해 새로운 환경에 잘 적응한 종들은 결국 모집단population에서 분리되어 변화를 계속하게 되고 그러면서 새로운 종으로 분기되는speciation 것이다.

다만 다윈이 세상을 떠나기 전까지도 풀지 못한 숙제가 하나 있었다. 그는 부모의 속성이 자식에게 이어지는 메커니즘을 알지 못했다. 다윈이 활동하던 당시만 해도 유전학이 아직 발달하기 전이기 때문이다. 다윈은 다음 세대에 유전에 관한 숙제를 남긴 채 세상을 마감했다.

우리는 어디로부터
왔는가

유전학은 20세기 초에 비로소 발전하기 시작했다. 미국의 유전학자 토머스 헌트 모건Thomas Hunt Morgan은 초파리를 이용해 유전자와 염색체의 관계를 밝힌 공로로 노벨 생리·의학상을 수상했다. 돌연변이로 생긴 흰색의 눈을 가진 초파리를 연구해 성염색체를 발견한 것이다. 유전학이 발전하면서 염색체에 의해 DNA가 자식 세대로 옮겨간다는 것을 알게 되었다. 이후 초파리에 대한 연구를 통해 무려 다섯 명이나 노벨상을 수상했다. 하늘에 떠 있는 우주정거장에도 초파리 연구실이 있을 만큼 초파리 연구는 지금도 다양하게 진행되고 있다.

찰스 다윈 때는 몰랐으나 유전학이 발전하면서 부모부터 자식까지 어떻게 속성이 유전되는지를 알게 된 것이다. 각각의 생물은 유전자형genotype에 의해 표현형phenotype으로 나타난다. 유전자형은 생물이 가지고 있는 유전자의 구성 양식을 뜻하며, 표현형은 생물이 유전적으로 나타내는 형태적이고 생리적인 성질을 뜻한다. 우리의 얼굴이 조금씩 다른 것도 이러한 이유에서다.

그런데 자연선택은 이러한 표현형에 작용해 적응하지 못하는 개체들을 솎아낸다. 그 결과 자손을 만들지 못하게 되는 것이다. 이러한 자연선택은 종의 집단에 유전자 변이를 만들어낸다.

유명한 진화생물학자 리처드 도킨스Richard Dawkins는 『이기적 유전자』에서 생물을 숙주라고 이야기한다. 기본적으로 한 유전자의 숙주일 뿐이고, 유전자가 계속 진화하면서 지금까지 살아왔다는 것이다. 그래서 진화란 점차적인 유전자 치환에 의해 일어나며 그 이상도, 이하도 아니라고 말한다. 그래서 신다윈설Neo-Darwinism 학자들은 변이가 쌓여 어느 순간 새로운 종이 된다는 주장을 하고 있으며, 이것은 곧 다윈의 생각과도 일치한다.

진화론은 크게 계통점진설phyletic gradualism과 단속평형설 punctuated equilibrium로 나뉜다. 계통점진설은 특정 생물의 분류군이 계통적 진화를 할 때 시간의 경과에 따라 점진적으로 변해가며 새로운 종이 된다는 뜻이다. 단속평형설은 이와 상반되는 학설로 많은 종의 진화가 오랜 시간 동안 진화적 변동이 없는 상태를 유지하다가 거대한 환경 변화에 의해 짧은 시간 동안 진화가 이루어진다는 뜻이다. 계통점진설의 경우 새로운 종과 기본 종 사이에 많은 종의 화석이 존재해야 하는데, 문제는 그렇지 않다는 것이다. 화석의 기록을 분석해보면 생물들은 갑작스레 출현해 오랜 시간 생존하다가 또다시 갑자기 새로운 종이 출현한다. 그래서 단순히 유전자가 조금씩 변화해 새로운 종이 나오는 것이 아니라 환경에 따라 갑자기 유전자가 발현되기도 하고, 오랜 시간 동안 발현되지 않기도 하는 다른 메커니즘을 가지고 있다.

초파리를 대상으로 300세대 혹은 3,000세대에 걸쳐 유전자 연구를 하더라도 시간적 관점에서 그 순간은 지극히 찰나적이어서 진화의 변화를 모두 알아내기란 불가능하다. 그 짧은 시간에 일어난 진화의 현상이(감지된다면) 38억 년에 걸쳐 진화해온 생물의 대기록을 대변할 수는 없다. 화

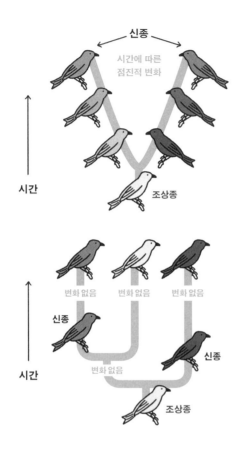

계통점진설(위)**과 단속평형설**(아래)

석이 진화생물학에서 갖는 강점은 바로 이렇게 엄청난 시간의 기록을 가지고 있다는 것이다. 이는 현생 생물 연구를 통해서는 도저히 뛰어넘을 수 없는 시간이다. 현생 생물 crown group이 과거 분기된 시점을 분자시계를 통해 유추할 수는 있을지라도 과거 멸종한 동물stem group의 존재를 알아낼 수 있는 방법은 없다. 화석은 그 긴 시간 동안 생물들이 어떻게 변화해왔는지를 시기별로 적나라하게 보여주는 무엇과도 비교할 수 없는 중요한 기록이다. 화석 기록은 단속평형설을 지지해준다.

환경 적응과 새로운 종으로의 진화

우리 인간은 어떤 공통 조상으로부터 분리되어 나왔을까? 우리의 조상을 찾기 위해서는 과거로 거슬러 올라가야 한다. 즉 겉으로 드러난 사과의 껍질이 아닌 사과 속으로 들어가야 한다. 모든 생물들은 서로 먼 친척이냐, 가까운 친척이냐의 차이만 있을 뿐, 계통적으로, 또 발생학적으로 서로 연결되어 있다. 단세포부터 가지를 치며 분기되어 오늘날 다양한 생물들이 존재하게 되었다.

예를 들어보자. 오늘날 지구상에 현존하는 생물 중 가장 큰 동물은 대왕고래(흰수염고래)다. 몸길이가 무려 30미터이며, 심장 크기가 경차만 하고, 몸무게는 180톤으로 코끼리의 33배에 달한다. 하루에 크릴을 3.6톤이나 먹어치우며 물속에서 서로 소통하기 위해 삑삑 소리를 내는데, 이 소리의 크기가 188데시벨 정도로 제트기 소리(140데시벨)보다 크다. 이렇게 거대하고 환상적인 생명체가 어떻게 지구상에 출연했는지에 대해 아는 사람은 거의 없다. 사실 고래의 조상은 놀랍게도 육지에 살던 아주 조그마한 동물이었다.

가장 원시적인 고래인 파키케투스*Pakicetus*와 가장 가까운 동물은 5,000만 년 전 인도의 지층에서 발견된 인도히우스*Indohyus*라고 하는 조그마한 동물이었다.[2] 이 동물은 주로 물가에 서식한 포유류로 오늘날 쥐사슴과 비슷한 습성을 가져 포식자로부터 도망치기 위해 수시로 물속으로 뛰어들었을 것으로 여겨진다. 인도히우스 이빨의 산소동위원소 값을 통해 물가에 살았다는 것을 알 수 있다. 머리뼈를 보면 전혀 현생 고래와 닮지 않았는데 이 동물이 고래의 자매종인지 어떻게 알 수 있었을까? '고래의 진화'에서도 알 수 있듯이 인도히우스의 귀속뼈, 즉 고실뼈는 매우 두껍다. 고래는 수압을 견디기 위해 귀속의 뼈가 매우 두껍게 발달해 있으며, 이것은 고래만이 가지고 있는 특징이다. 인도히우스의 이빨도 초기 원시 고래의 이빨과 비슷하고, 속이 꽉

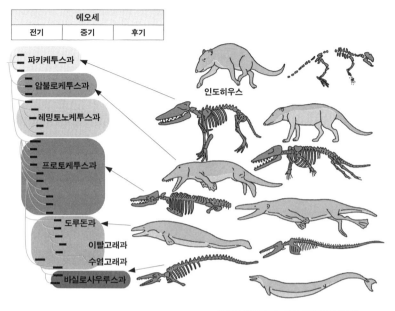

에오세		
전기	중기	후기

파키케투스과

암불로케투스과

레밍토노케투스과

프로토케투스과

인도히우스

도루돈과

이빨고래과

수염고래과

바실로사우루스과

특별한 귀의 구조는 모든 고래의 특징이다.

ⓒPaleoaerie

고래의 진화

찬 다리뼈는 부력을 이길 수 있도록 굉장히 무겁다.

　인도히우스보다 젊은 시기의 지층으로부터 대표적인 원시 고래들인 파키케투스, 암불로케투스, 프로토케투스, 도루돈, 바실리사우루스 등이 차례로 발견된다. 이 화석들은 육상동물이 어떻게 바다로 돌아갔는지 몸 형태의 변화를 잘 보여주고 있다. 다리는 점점 짧아지고 지느러미로 변하다가 궁극적으로 뒷다리는 완전히 퇴화하게 된다. 이러한 일련의 원시 고래 화석들은 물가에서 살던 동물이 얕은 물속을 탐험하다가 점차 해양으로 진출해 거대한 고래로 진화하는 과정을 보여준다.

오늘날 고래는 두 종류로 나뉘는데 하나는 돌고래처럼 이빨이 있는 고래이고, 또 하나는 수염고래처럼 이빨이 없는 고래다. 4,000만 년 전 처음 이빨 없는 고래가 출현했다. 고래는 크릴이라는 고단백질의 먹이를 흡입하게 되면서 불필요해진 이빨들이 퇴화했다. 그렇게 하루에 몇 톤이나 되는 어마어마한 양의 크릴을 먹게 되면서 이빨 없는 고래는 오늘날 수염고래와 같은 지구상의 가장 거대한 동물이 되었다. 유전자 분석에 의하면 고래와 가장 가까운 현생 동물은 하마라고 한다.[3]

또 다른 진화의 예를 살펴보자. 육지에 사는 동물 중 몸집이 가장 큰 동물은 코끼리다. 현존하는 코끼리는 모두 세 종류로 아프리카코끼리 두 종과 인도코끼리 한 종이다. 원래 코끼리의 조상은 이보다 훨씬 더 다양했으며, 매머드를 포함해 180종 이상이 멸종했다. 재미있는 것은 우리가 익히 알고 있는 코끼리의 모습을 하게 된 것이 비교적 최근이

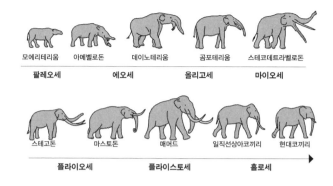

모에리테리움 아메벨로돈 데이노테리움 곰포테리움 스테코데트라벨로돈

팔레오세　**에오세**　**올리고세**　**마이오세**

스테고돈 마스토돈 매머드 일직선상아코끼리 현대코끼리

플라이오세　**플라이스토세**　**홀로세**

코끼리의 진화

라는 사실이다.

'코끼리의 진화'는 초창기 때부터의 다양한 형태를 보여주는데, 아래턱이 부삽처럼 매우 길어 식물의 뿌리를 파먹는 코끼리도 있었고, 아래턱 상아가 목 쪽으로 휘어진 형태를 가진 코끼리도 있었다. 코끼리의 진화 과정을 보면 길었던 아래턱이 점점 짧아지고, 두개골은 점점 더 커지는 것을 알 수 있다. 머리가 커지면서 무거워지다 보니 목이 점점 더 짧아졌다. 목이 짧고 머리는 크다 보니 땅에 있는 식물을 먹기가 힘들어졌고, 그러자 점차 코가 길어지기 시작했다. 그러면서 지금 우리가 보는 긴 코의 모습을 하게 되었다. 코끼리의 가장 오래된 화석은 6,000만 년 전 모로코

의 팔레오세^{Paleocene} 지층에서 발견된 에리테리움^{Eritherium} 으로 복원도를 보면 물가에 사는 작은 하마와 비슷하게 생긴 모습이었다.[4]

코끼리가 옆으로 누워 자는 이유는 숨을 쉬기 위해서다. 코끼리는 흉막 공간이 없어서 쭈그려 앉으면 숨이 막히기 때문에 누워 자는 것이다. 흉막 공간이 없다는 것은 곧 물을 빨아들이는 압력이 세다는 것을 의미한다. 흔히 코끼리는 자기가 죽을 때를 안다고 말하는데, 사실 죽을 때를 안다기보다 이가 다 닳아 없어져 더 이상 식물을 못 씹게 되는 것이다. 코끼리는 진화하면서 어금니가 모두 합쳐져 한 개의 큰 어금니가 되는데 이 이빨이 평생 여섯 번 새로 나온다. 마지막 나온 여섯 번째 이빨의 에나멜질이 다 닳게 되면 더 이상 먹이를 씹을 수 없기 때문에 코끼리의 삶은 끝난다. 그때 코끼리의 나이가 한 40~50세 정도다. 코끼리의 이빨을 조사해보면 오래전 코끼리는 나뭇잎을 먹었다. 그러다가 말처럼 나무 아래 있는 초본식물을 먹었고, 나중에 다시 나뭇잎을 먹는 식으로 변화했다는 것을 알 수 있다.

지구에 살고 있는 아주 독특한 생물 중 하나는 펭귄이라는 새다. 왜 펭귄은 남극처럼 혹독한 환경에서 살게 되었

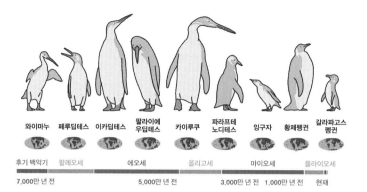

펭귄의 진화

을까? 펭귄은 산소를 아주 효율적으로 사용해 깊은 곳까지 잠수가 가능하다. 혈관 내에 산소 농도를 조절하는 아주 기가 막힌 능력을 갖고 있기에 가능한 일이다. 어떤 펭귄들은 더 효율적으로 온도를 조절하기 위해 혈관을 확장하거나 수축시키는 뛰어난 능력도 갖고 있다. 심지어 어떤 종들은 바닷물을 마시는 능력을 발전시켰다. 새는 약 1억 5,000만 년 전 중생대 쥐라기 후기에 출현하는데, 가장 오래된 펭귄 화석은 뉴질랜드에서 발견된 와이마누*Waimanu*라는 펭귄 조상으로 신생대가 시작된 지 400만 년이 지나서다. 화석의 형태를 보면 이미 날지 못했고 짧은 날개는 잠수해 헤엄을

치기에 적합한 펭귄의 형태를 하고 있었기 때문에 사실은 이것보다 더 오래된 조상이 있었을 것으로 추정된다. 유전자 분석에 의하면 펭귄의 조상은 중생대 백악기 말에 출현했을 것으로 여겨지지만 아직 화석을 발견하지는 못했다. 4,000만 년 전과 3,000만 년 전 사이 펭귄은 크기가 거대해져 키가 180센티미터, 몸무게는 80킬로그램 정도 되는 종류도 있었다.

그런데 우리가 궁금한 것은 이렇게 펭귄들이 다양하게 진화해왔는데 왜 남극에 한정되어 서식하는가이다. 펭귄은 약 6,200만 년 전에 뉴질랜드 지역에 처음으로 출현한 뒤 2,200만 년 전에 이르러서는 남극대륙을 완전히 점령하게 된다. 이전까지 남극에는 빙하가 없었다. 그러다가 차가운 물이 남극을 둘러싸고 순환하는 해류(남극순환해류)가 형성되었고, 이로 인해 남극에 빙하가 쌓이면서 엄청나게 추워졌다. 뉴질랜드에 살던 펭귄들이 이 남극순환해류를 타고 들어가 남극에 서식하게 된 것이다. 하지만 펭귄이 모두 남극에만 살고 있는 것은 아니다. 오늘날 펭귄의 일부는 아프리카 남쪽 끝이나 남미 끝에도 서식하고 있다. 가장 저위도 지역인 갈라파고스 제도의 갈라파고스펭귄은 유일한 열대 지역 펭귄이지만 남극의 훔볼트해류라는 차가운 물이 이곳에 도달하기 때문에 서식이 가능하다.

우리 귀의 진화

화석이 없었다면 포유류인 인간 역시 어떻게 진화해왔는지 알 수 없었을 것이다. 우리의 작은 귓속에도 진화의 증거가 들어 있다. 우리가 음식을 씹을 때 우리 스스로 그 소리를 들을 수 있는 이유는 턱관절이 귀에 아주 가깝게 붙어 있어서다. 인간의 귀는 외이, 중이, 내이로 연결된다. 중이 속에는 망치뼈, 모루뼈, 등자뼈라는 세 개 뼈가 들어 있는 반면, 파충류는 등자뼈 단 한 개의 뼈만 있을 뿐이다. 포유류의 조상은 고생대 후기에 출현한 단궁류다. 우리의 아래턱뼈는 치골dentary이라고 하는 단 한 개의 뼈로 이루어져 있는 반면, 우리 조상의 턱뼈는 다양한 종류와 개수의 뼈로 구성되어 있다. 원시 단궁류는 방형골quadrate과 관절골articular이라는 두 개의 뼈가 턱관절을 이루고 있는 반면, 우리의 턱관절은 인골squamosal과 치골로 연결된다. 원시적인 단궁류에서 진짜 포유류로 진화하는 과정에 있는 다양한 화석의 턱관절을 보면 놀랍게도 방형골과 관절골이 점점 작아져 중이 속으로 들어가는 것을 확인할 수 있다. 즉 관절골은 작아져 망치뼈가 되고 방형골은 작아져 모루뼈가 되어 중이의 뼈가 한 개에서 세 개로 늘어나게 된 것이다. 그 이유는 무엇일까?

동전 구멍 같은 간단한 귓구멍만 있고 중이 속에 등자뼈 한 개밖에 없는 파충류는 외이가 발달한 포유류에 비해 소리를 모으는 능력과 소리를 내이로 전달하는 기능이 잘 발달하지 못해 청력이 좋지 않다. 따라서 파충류는 머리를 땅에 가깝게 대고 땅으로 전달되는 진동을 통해 소리를 감지한다. 하지만 포유류는 외이가 발달하고 세 개의 뼈로 이루어진 중이도 생겨나면서 엄청난 이점이 나타났다. 세 개의 중이뼈는 활막관절과 힘줄로 연결되어 고막에서 나온 음파를 내이로 잘 전달할 수 있게 한다. 이제 공기 중으로 전달되는 소리도 잘 들을 수 있게 되면서 포유류는 땅에 턱을 대고 진동을 느껴 소리를 감지할 필요가 없어졌다. 오늘날 아주 큰 귀를 갖고 있는 사막여우는 모래 속에서 움직이는 곤충을 잡아낼 정도로 청력이 발달해 있다. 만약에 화석이 없었더라면 이렇듯 원시적인 단궁류에서 진짜 포유류로 진화하는 과정에 일어난 귀의 진화를 과연 우리가 실험실에서 알아낼 수 있었을까?

물고기에서 양서류, 즉 사족동물로 진화하는 과정은 한편의 드라마다. 어떻게 물속에 사는 물고기가 육지를 걸어 다니는 사족동물로 진화하는 거대한 변화가 일어날 수 있었을까? 고생대 데본기를 어류의 시대라고 부른다. 왜냐하면 현재보다 훨씬 더 다양한 물고기 종류들이 존재했기 때문이다. 후기 데본기는 물고기뿐만 아니라 아칸토스테가 _Acanthostega_, 익티오스테가_Ichthyostega_ 같은 가장 원시적인 사족동물도 출현하게 된다. 지느러미 속에 뼈를 가진 유스테놉테론_Eusthenopteron_ 같은 물고기는 얕은 물가에서 서서히 변화해 아칸토스테가 같은 사족동물로 진화한다. 유명한 틱타알릭_Tiktaalik_은 그 과정에 있는 동물이다.

사실 물고기가 부력이 있는 물속에서 살다가 육지에서 살아가려면 엄청난 변화가 일어나야 한다. 우선 중력을 이기고 걸으려면 다리가 완성되어야 하고, 공기 호흡을 위한 폐가 있어야 하며, 피부의 건조를 막기 위한 피부의 조직 변화도 일어나야 할 뿐만 아니라 감각기관도 발달해야 한다. 초창기의 원시 사족동물 화석을 보면 이러한 변화가 뚜렷하게 나타난다. 배지느러미와 등지느러미는 없어지고 견갑골은 머리뼈에서 분리되어 목의 움직임이 가능해진다. 이 과정에서 눈의 위치는 점점 뒤로 밀려나 주둥이가 길어지고 팔꿈치 관절이 발달해 아래팔뼈가 수직으로 내려오면서 드디어 걸을 수 있게 된다. 또한 뼈가 있는 지느러미는 위팔뼈, 아래팔뼈, 손뼈로 점점 분화하는데 이러한 과정은 다양한 화석에서 나타난다. 우리의 손과 다리는 어류의 지느러미가 변화한 것이다. 시카고대학교 닐 슈빈^{Neil Shubin} 교수의 『내 안의 물고기』란 책을 보면 사족동물의 기본 구조는 모두 어류에서 기원한 것을 알 수 있다.

어류에서 사족동물로 진화하는 과정을 요약하면 틱타알릭은 물가에서 기어 다닐 수 있는 동물이었지만 물고기처럼 옆줄과 아가미가 있었던 반면, 사족동물인 익티오스테가는 보다 더 육지 생활이 가능했고, 카콥스^{Cacops} 같은 초기 양서류는 옆줄과 아가미가 완전히 없어져 물가를 떠나 생활할 수 있었던 반면, 도롱뇽처럼 물가 생활로 돌아간 그룹도 있었다. 사족동물 중 양서류는 알을 낳기 위해 물로 돌아왔지만 단단한 껍질을 가진 양막류 알을 낳는 파충류

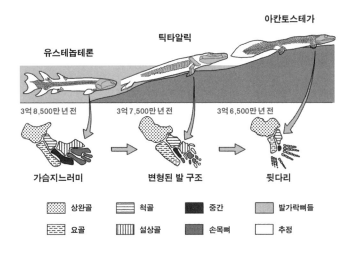

아칸토스테가

틱타알릭

유스테놉테론

3억 8,500만 년 전　　　3억 7,500만 년 전　　　3억 6,500만 년 전

가슴지느러미　　　　변형된 발 구조　　　　뒷다리

상완골	척골	중간	발가락뼈들
요골	설상골	손목뼈	추정

물고기에서 사족동물로의 진화[5]

가 등장하면서 육지는 곧 다양한 파충류에 의해 완전히 점령당하게 된다.

　위의 몇 가지 예를 보더라도 화석은 진화의 비밀을 풀 수 있는 가장 중요한 열쇠다. 그런데 몇 년 전, 화석이 보여 주는 이러한 명백한 과학적 증거들을 무시하고 교과서에 실려 있는 진화론 부분을 빼자고 주장하는 사람들이 있었 다. 왜 이 같은 문제가 우리나라에서 일어난 것일까? 이러

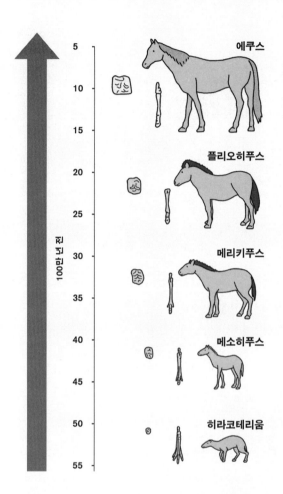

에쿠스

플리오히푸스

메리키푸스

메소히푸스

히라코테리움

100만 년 전

5
10
15
20
25
30
35
40
45
50
55

교과서에 실린 말의 진화

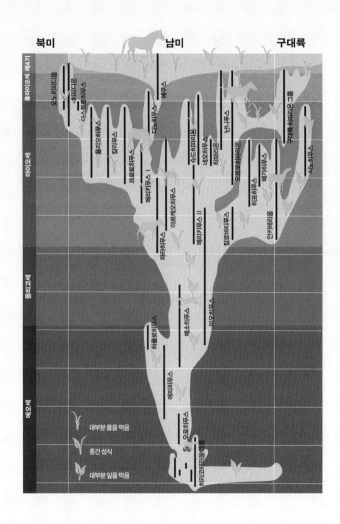

말의 화석 기록을 바탕으로 한 말의 진화

한 주장을 하는 사람들이 제시하는 과학적 근거는 허무하게도 매우 과학적이지 않다. 교과서에 실린 말의 진화 그림은 오해를 불러일으킨다. 마치 크기가 작고 발가락이 다섯 개였던 말의 조상이 진화해 점점 덩치가 커지면서 발가락이 세 개로 줄어들었다가 다시 하나로 되었다는, 마치 더 커지고 강건해지고 더 빨리 뛸 수 있는 예정된 방향으로 진화한 것처럼 표현되었기 때문이다. 이러한 진화의 가설을 정향진화orthogenesis라고 하지만 이 가설은 받아들여지지 않고 있으며, 실제 생물은 이러한 과정으로 진화하지 않는다. 실제 말의 화석 기록을 보면 매우 다양한 형태로 분기하며 진화한다.[6]

또 다른 예는 우리 인류의 진화를 잘못 표현한 것이다. '인류의 진화'를 보면 마치 우리 인류가 침팬지에서 진화했다는 오해를 불러일으킨다. 알다시피 우리는 침팬지와 유전적으로 가장 가까운 친척이지만 침팬지가 우리의 직접 조상은 아니다. 침팬지와 우리는 같은 가지에서 갈라져 나왔고 실제로 우리 호미니드hominid, 즉 사람과[科]의 진화를 보면 아주 다양한 원시 인류가 존재했다. 그중 우리 인류인 호모 사피엔스만 남고 모두 멸종했다. 결코 한 종에서 한

100만 년 전

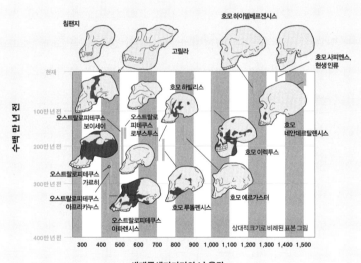

침팬지

고릴라

호모 하이델베르겐시스

호모 사피엔스, 현생 인류

현재

100만 년 전

호모 하빌리스

오스트랄로피테쿠스
보이세이

오스트랄로
피테쿠스
로부스투스

호모
네안데르탈렌시스

200만 년 전

오스트랄로피테쿠스
가르히

호모 이렉투스

300만 년 전

오스트랄로피테쿠스
아파렌시스

오스트랄로피테쿠스
아프리카누스

호모 루돌펜시스

호모 에르가스터

상대적 크기로 비례된 표본 그림

400만 년 전

수백 만 년 전

300 400 500 600 700 800 900 1,000 1,100 1,200 1,300 1,400 1,500

세제곱센티미터의 뇌 용량

인류의 진화

종으로 진화하고 그 종이 또 다른 종으로 진화하는 단순한 정향진화로 인류가 출현한 것은 아니다.

지질시대에 살다가 멸종한 10억 종의 생물 중 우리가 화석으로 확인한 생물은 극히 일부분이지만 이 화석들은 우리가 유전자 연구로는 결코 확인할 수 없는 전혀 새로운 형태의 동물이 대부분이다. 특히 다음 주제에서 다루게 될 공룡은 상상 속의 동물이 아니라 과거에 실제로 존재했던 멋진 생물이라는 것을 우리는 화석을 통해 확인하게 된다. 이뿐만 아니라 삼엽충, 비행기 크기의 익룡 등등 지금은 멸종하고 없는 많은 생물 화석이 발견되지 않았다면 우리는 그들의 존재조차도 몰랐을 것이다.

화석을 연구하는 학자로서 우리가 고생물학의 매력에 빠지게 되는 주된 원인이 나는 화석의 다양한 실용적인 가치를 넘어 이들이 우리에게 주는 순수한 과학적 호기심 때문이라고 생각한다. 많은 아이들이 특별한 이유 없이 공룡과 사랑에 빠지는 이유와 같다. 유명한 미국의 고생물학자 조지 심슨George Simpson은 "화석 사냥은 모든 스포츠 가운데 단연코 가장 매력적이다"라고 말했다. "우리가 찾은 화석은 인간의 눈으로 본 적 없는 생명체일 수도 있으며, 화석 사냥에는 지식과 기술 그리고 어느 정도의 끈기도 필요하다. 다만 화석 사냥꾼은 그 대상을 죽이는 것이 아니고 다시 그 존재를 살려내는 것이며, 이 스포츠의 결과는 인간에게 즐거움과 지식의 보물을 더해준다." 이 얼마나 멋진 일인가. 살아 있는 생물을 죽이는 것이 아니라 이미 멸종한 생물을 찾아 그 생물의 흔적을 되살려내고, 우리 인간이 지구에 출현하기 전, 먼 과거의 지구 생태계에 어떤 구성원이 살고 있었는지를 되짚어내는 일이란 더할 나위 없이 흥미롭고 매력적이다.

Q 묻고

A 답하기

지금까지 지구에는 모두 다섯 번의 대
멸종이 있었고, 최근 많은 학자들이 여
섯 번째 대멸종이 다가오고 있다고 말
한다. 여섯 번째 대멸종의 원인은 무엇
이고 그것을 막을 방법은 없는 것일까?

미국의 제45대 부대통령을 지낸 앨 고어는 이러
한 주장을 했다. 지구에서 지속적으로 멸종이 일
어난다면 앞으로 100년 안에 지구상에 있는 대
부분의 생물이 멸종할 것이라고. 실제 매일 거의
100종 가까운 생물이 멸종하고 있다. 현재 과거에

일어난 생물의 멸종률보다 400배나 빠르게 멸종이 일어나고 있다. 이러한 빠른 멸종률은 20세기 지구의 인구 폭발과 정확히 일치한다. 1775년에 뉴질랜드의 마오리족에 의해 모아새가 멸종했고, 1693년에 선원들에 의해 도도새가 멸종했다. 개체수가 50억 마리에 달해 한때 새 가운데 가장 많은 수를 차지했던 여행비둘기 passenger pigeon는 인간의 무분별한 남획에 의해 1914년 멸종했다.

인류는 끊임없이 생물의 서식지를 파괴하고 환경을 오염시킬 뿐 아니라 숱한 병균을 옮긴다. 인간이 이 대륙 저 대륙 옮기는 생물들은 그곳의 고유종들을 멸종시키고 있다. 하와이섬에 서식했던 고유종의 새들은 유럽인들이 외래종을 섬에 유입시키면서 대량 멸종했다. 인간은 식량을 얻기 위해 아마존과 동남아의 열대우림을 개간하며 파괴하고 있다. 결국 다양한 생물이 살 수 있는 서식지가 점점 좁아지고 있다. 많은 생물을 멸종시키는 주체는 바로 인간이다. 지구에는 870만 종이 서로 유기적으로 얽혀 살아가는데 호모 사피엔스는 그

중 하나의 종이지만 870만 분의 1만큼의 지구 자원이 아니라 자그마치 40퍼센트를 사용한다. 인류를 제외한 모든 종이 나머지 60퍼센트를 사용한다. 이 얼마나 불공평한 일인가?

과거 다섯 번의 대멸종이 자연 재앙에 의한 것이었다면 여섯 번째 대멸종은 우리 인간이 야기하고 있으며 현재 진행형이다. 스티븐 호킹 박사는 앞으로 이러한 상태가 지속된다면 1,000년 안에 인간은 지구에서 살 수 없게 될 것이라고 말했다. 이 상태를 바꾸지 않는다면 인류 역시 대멸종의 희생자가 될 가능성이 높다.

수많은 동식물이 진화와 멸종을 거듭했는데, 고사리 같은 오래된 식물은 어떻게 수억만 년 동안 동일하게 존재하고 있을까?

최근 스웨덴의 하부 쥐라기층에서 발견된 고사리

줄기 화석의 조직 구조가 현생 것과 거의 아주 비슷해 '살아있는 화석living fossils'의 좋은 예로 언급되었다. '살아있는 화석'이란 오랜 지질시대를 통해 예외적으로 거의 변화를 겪지 않은 종을 말하며, 화석종과 현생종이 유전적으로 같다는 오해를 불러일으킨다. 하지만 유전자는 시간이 지나면 필연적으로 변하기 때문에 현생종의 DNA는 다를 수밖에 없다. 따라서 이들은 교배할 수도 없고 같은 종도 아니다.

보통 평균적으로 한 종이 지구상에 나타나 멸종하는 기간은 2~300만 년 정도인데, 메타세쿼이아, 은행나무, 호주의 폐어, 대서양수염상어, 실러캔스 같은 '살아있는 화석'들은 형태적 다양성이 매우 부족하고 독특하게 원시적인 특징을 오랜 기간 유지하는 형태적 정체성을 보인다. 이 원인으로는 진화의 변화보다도 종의 유지가 더 우세하게 지속될 때, 혹은 빠른 종의 분화에도 불구하고 매우 낮은 생태적, 표현형 진화가 일어날 때 나타나는 것으로 알려져 있다.

2부_____

잊혀진 낙원, 한반도의 비밀을 풀다

우리나라에서 발견된 화석은 한반도에 어떤 생물이 살았었는지를 알려주는 귀중한 자연유산이다. 과거 없이 미래는 존재하지 않는다. 그러므로 아무리 파편적이고 불완전한 화석이더라도 연구 가치는 충분하다.

한반도에 축적된 귀중한
자연 유산

고생대의 조선누층군

2부에서는 우리가 진짜 궁금해하는 우리나라 화석에 대해 알아볼 것이다. 새로운 화석이 발견될 때마다 언론에서 적극적으로 다루는 것을 보면 많은 사람들이 우리나라 화석에 대해 큰 관심을 갖고 있는 것 같다. 실제 한반도에는 고생대, 중생대, 신생대 지층들이 곳곳에 분포하고 있으며 다양한 화석이 산출된다. 우리나라에는 다양한 고생대 해양 무척추 화석과 식물 화석, 중생대 공룡을 포함한 다양한 파충류 화석, 신생대 고래, 상어 같은 해양생물 화석이 보고되고 있다. 또한 약 1억 년 전에 살았던 중생대 곤충 화석도 보존 상태가 좋은 채 발견된다. 화석은 다양한 현생 생물처럼 종류가 엄청나게 많기 때문에 그 모든 것을 다 다룰 수는 없고, 여기서는 뼈를 가진 생물들, 즉 척추동물 화석에 한정해 설명하고자 한다.

우리나라 고생대에는 어떤 척추동물이 살았을까? 우리나라 고생대 지층은 크게 두 개의 지층 군群으로 구성된다. 오래된 것은 '조선누층군Choseon Supergroup'으로 주로 캄브리아기와 오르도비스기에 쌓인 해성 퇴적층이다. 4억 9,000만 년 전 우리나라는 곤드와나 대륙의 서쪽, 적도 지역에 있었다. 옆의 그림 중 아래의 확대된 지도를 보면 우리나라는 북중국과 같은 대륙에 속해 있었고, 동쪽에는 얕은 바다를 사이에 두고 곤드와나 대륙에 속한 호주와 인도를 마주보고 있었다. 이 시기 중국은 북중국과 남중국으로 서로 분리되어 있었다.[7]

조선누층군은 얕은 바다에 쌓인 해성층이다. 우리나라 지질도를 보면 조선누층군은 남한보다 북한 지역에 비교적 더 많이 분포해 있다는 것을 알 수 있는데, 남한에는 강원도 지역에 주로 분포해 있고, 북한에는 평양을 중심으로 아주 넓게 분포해 있다(자료3).[8] 조선누층군의 암석 대부분은 석회암과 셰일인데, 시멘트 원료인 석회암은 모두 이곳

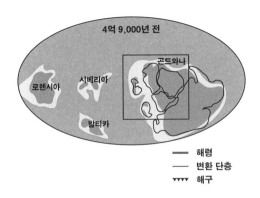

캄브리아기-오르도비스기의 조선누층군

에서 채굴된다. 남한의 영월, 정선, 태백 등지에 분포하는 조선누층군으로부터 삼엽충, 완족류, 두족류, 필석류 등의 다양한 해양 무척추동물 화석이 발견된다.

고생대 기간 우리나라에는 어떤 척추동물들이 살았을까? 고생대는 어류가 주로 번성했던 시대다. 그리고 어류에서 진화한 최초의 사족동물인 양서류가 등장한 때가 데본기, 원시 파충류가 처음으로 등장한 때가 석탄기다.

조선누층군은 바다에서 쌓인 해성층이기 때문에 물고기 화석이 발견되어야 맞다. 몇십 년 전까지만 해도 우리는 조선누층군에서 물고기 화석이 전혀 발견되지 않은 줄 알고 있었다. 하지만 석회암 속에서 '원뿔 모양의 이빨'이라는 뜻을 가진 '코노돈트Conodonts'라는 화석이 발견된 것은 아주 오래전 일이다. 코노돈트는 삼엽충과 더불어 아주 중요한 고생대의 표준 화석이다. 코노돈트는 발견되는 숫자도 많고 매우 빠르게 진화해 전 세계 지층 대비에 아주 효과적으로 이용되기 때문이다.

예를 들어 어떤 특정 코노돈트 종을 지층에서 발견하면 그 지층이 캄브리아기 지층인지 오르도비스기 지층인지, 나아가 더 세분한 시대까지 특정할 수 있다. 그래서 1970년대부터 우리나라 학자들은 코노돈트를 집중적으로 연구하기 시작했다. 그 당시 우리나라는 경제개발을 위해 필수적인 지하자원을 확보하고자 강원도 지역을 탐사하기 시작했다. 태백산에 분포하는 석탄과 석회암 분포, 그 지질 시대를 알아내는 것은 매우 중요한 일이었다. 나의 지도교수였던 이하영(1936~1994) 교수님은 한국인으로는 처음으로 독일에서 코노돈트로 박사학위를 받은 코노돈트 화석 전문가셨다. 사실 내가 고생물학에 빠져들게 된 계기도 바로 이하영 교수님이 보여주신 코노돈트라는 화석에 매료되어서다.

석회암을 빙초산에 녹여버리고 남아 있는 잔해를 현미경으로 들여다보면 크기가 2밀리미터의 아주 아름다운 화석들이 모습을 드러낸다. '아, 어떻게 이렇게 아름다운 생물들이 암석 속에 있을 수 있지?' 과거에 살았던 생물들이 암석 속에 화석으로 남아 있는 사실을 직접 눈으로 확인하자 화석은 곧 나의 가장 큰 관심사가 되었고, 나는 화석 연구에 내 인생을 걸어보기로 결심하게 되었다.

내가 대학원에서 코노돈트를 연구해 석사학위를 마칠 1980년대까지도 학자들은 코노돈트가 도대체 어떤 생물인지 알지 못했다. 코노돈트가 턱이 없는 물고기의 이빨이란 것이 밝혀진 것은 1993년이었다.[9] 즉 칠성장어나 먹장

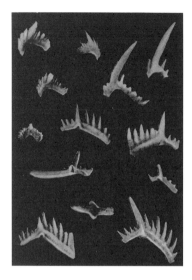

다양한 코노돈트 이빨과 코노돈트 무악어류 복원도

어같이 턱이 발달하기 전의 무악어류의 이빨이었던 것이다. 그런 의미에서 보면 나는 처음부터 척추동물 화석을 공부해야 할 운명이었던 것 같다. 코노돈트를 거쳐 지금은 더 고등동물인 공룡을 포함한 파충류와 포유류 화석을 연구하고 있으므로.

고생대의 평안누층군

고생대 말 석탄기-페름기에 이르러 적도에 흩어져 있던 대륙들은 서서히 모이기 시작해 판게아 초대륙을 형성하기 시작했다. 한국을 포함한 북중국(중한대륙)과 남중국(남중대륙)은 각각 북쪽으로 이동하며 서로 다가갔다. 그 당시 중한대륙 북쪽에는 높은 산맥이 존재해 침식된 많은 양의 육성 퇴적물이 남쪽에 쌓이게 되었다. 이 시기 우리나라에 쌓인 퇴적층을 '평안누층군'이라고 한다.

평안누층군 안에는 석탄층이 존재하는데, 그 당시에는 전 세계적으로 커다란 숲이 형성되어 이 숲의 나무들이 땅에 묻혀 썩어 석탄층을 만들었다. 석탄기라는 용어도 이 때문에 만들어진 것이다. 강원도 사북이나 장성, 정선에 가보면 조선누층군 위에 평안누층군이 쌓여 있고 석탄층이 존재한다. 1970~80년대 연탄을 주 난방 원료로 사용하던 시대를 지나 석탄 광산에서 더 이상 석탄을 채굴하지 않게 되자 정부는 폐광산 지역의 낙후된 경제를 활성화시키고자 정선에 카지노를 세웠다.

그런데 석탄기와 페름기는 전 세계에서 다양한 양서류와 파충류 화석들이 발견되는 시기다. 화석이 묻혀 있을 좋은 지질학적 조건을 갖고 있지만 유감스럽게도 아직까지 단 한 점의 사족동물 화석도 발견되지 않고 있다. 하지만 우리나라에도 분명 이들이 살았을 것이고 평안누층군 속 어디엔가 화석 뼈가 묻혀 있을 것이라고 믿는다. 우리가 화석에 크게 관심을 두지 않고, 이를 연구하는 학자도 매우 부족하다 보니 아직 발견하지 못한 것뿐이라고 생각한다. 척추고생물학자들이 늘어나고 고생대층의 척추 화석에 대한 관심이 높아지면 머지않아 굉장한 화석 발견 소식이 전해질 것이다.

중생대의 경상누층군

중생대가 시작되면서 북중국은 남중국과 만나 드디어 하나로 합쳐지게 된다. 이때 우리나라도 하나의 덩어리로 합쳐지는데 이 사건은 약 2억 5,000만 년 전에 일어났다. 경기도와 충청도, 전라도 지역이 남중국과 붙어 있던 땅에서 온 것이고, 북한과 경상도, 강원도 지역은 북중국 쪽에 붙어 있던 땅덩어리다. 중생대가 시작되면서 비로소 한반도가 완성된 것이다. 우리나라는 중생대의 트라이아스기 지층은 거의 남아 있지 않고 쥐라기 지층도 거의 남아 있지 않다. 중생대 지층에는 대부분이 '경상누층군'이라고 해서 특히 백악기 지층들이 많이 남아 있다(자료4). 이것만 보면 북한보다는 남한에 중생대 퇴적층이 훨씬 많고 남한 면적의 4분의 1 정도가 모두 중생대 백악기 지층이다. 경상누층군은 바다가 아니라 모두 강이나 호수처럼 육지에 쌓인 육성 퇴적층이다.

이때 일본은 우리 한반도의 오른쪽에 붙어 있었고, 동해가 없던 시절이다. 경상누층군이 광범위하게 분포하고 있는 경상도 지역은 완전한 내륙이었으며 주변에 바다가 없었다. 보통 중생대의 표준 화석이라고 하면 바다에서 살던 암모나이트가 대표적인데 우리나라는 이 암모나이트가 하나도 발견되지 않고 있다. 그 이유는 중생대 동안 우리나라는 바다가 없는 완전한 내륙 지역이었기 때문에, 암모나이트 화석이 발견되지 않는 것이다. 암모나이트나 해양파충류인 수장룡, 어룡이 발견되지 않는다고 실망할 필요는 없다. 그 대신 육성층은 육지에 살던 다양한 척추동물 화석을 배태할 수 있는 기반을 제공한다. 대표적인 동물이 바로 공룡이다. 공룡은 바다에 살던 생물이 아니라 땅 위를 걸어다니던 육상동물이다. 즉 우리나라는 공룡 화석이 나올 만

한 아주 좋은 환경을 갖고 있는 것이다. 그것도 매우 광범위한 지역에.

　중생대는 척추동물 진화사에서 매우 중요한 시기다. 양서류를 제외하고 우리가 알고 있는 대부분의 척추동물이 중생대 트라이아스기부터 출현하기 시작했다. 우리 조상인 포유류도 트라이아스기에 출현했고 거북이나 악어, 도마뱀도 이때 처음 출현했다. 지금은 멸종하고 없는 공룡, 익룡, 수장룡 등 우리가 알고 있는 대부분의 생물들이 중생대 초기에 출현했고, 조류는 쥐라기 후기에 육식 공룡으로부터 진화했다. 이처럼 중생대는 척추동물의 진화사에서 매우 중요한 시기이며, 우리나라에 이 백악기 지층이 많이 분포한다는 것은 매우 이례적이며 고무적인 일이다.

공룡 발자국과 함께 걷다

와, 공룡 발자국이다!

우리나라 중생대 지층은 고생대 지층과 다르게 북한 지역
보다 남한 지역에 훨씬 많이 분포해 있다. 특히 경상도와
전라남도 지역에 백악기 지층이 많고, 그곳에서는 당연히
중생대에 살았던 다양한 화석이 발견되어야 한다. 특히 중
생대를 대표하는 공룡 화석이 발견되었어야 하지만 공룡
의 존재가 인지된 것은 우습게도 최근 일이다. 과거 일제강
점기에 우리나라에서 삼엽충을 연구한 고바야시 데이이치
Kobayashi Teiichi라는 일본의 대표적인 고생물학자는 우리나라
에 중생대층이 이렇게 많은데 왜 공룡 화석이 발견되지 않
았는지 이상하게 여겼다고 한다. 사실은 없는 게 아니라 우

리나라에 공룡이나 척추동물을 연구하는 학자가 많지 않다 보니 잘 몰랐던 것이다. 내가 어렸을 때는 공룡 관련 책이 한 권도 출판되어 있지 않았고 공룡은 그저 다른 나라에나 있을 법한 이야기였다.

1980년대 들어서면서 드디어 경남 고성군의 상족암이라는 지역에서 공룡 발자국이 인지되기 시작했다. 상족암은 경치가 좋은 바닷가 유원지였기 때문에 많은 사람들이 방문하는 곳이다. 이곳에 공룡 발자국이 있다는 사실이 밝혀지기 전에도 많은 사람들이 이 발자국을 보았을 텐데, 그때는 왜 이것을 공룡 발자국이라고 생각하지 못했을까? 이러한 사실은 그 당시 우리나라 사람들이 공룡에 대한 지식이나 인식이 매우 부족했음을 말해준다. 공룡 발자국이 처음 확인되자 우리나라 곳곳에 아주 많은 공룡 발자국이 존재한다는 것을 곧 알게 되었다. 체계적인 조사를 통해 고성군 해안을 따라 많은 공룡 발자국이 발견되었는데, 지도에 표시한 산출지에 나타나 있듯이 노출된 지층의 대부분에서 공룡 발자국이 발견되었다. 고성군은 공룡을 특화해 공룡 엑스포를 개최하고 공룡 박물관과 전시관을 만들어 '공룡나라' 고성군이라는 이미지를 계속 구축하고 있다.

경남 고성군 해안에 선명하게 찍혀 있는 조각류 공룡 발자국

경남 고성군에서 확인한 공룡 발자국 화석 산출지(점으로 표시)

  현재까지 우리나라에는 1만 개 이상의 공룡 발자국이 발견되었을 정도로 백악기 지층이 있는 곳이면 거의 모든 곳에서 공룡 발자국이 발견된다. 이 발자국들은 대부분 목이 긴 공룡인 용각류 발자국, 육식 공룡인 수각류 발자국, 그리고 초식 공룡인 조각류 발자국으로 구분한다. 용각류 발자국 중에는 아주 특이한 모양의 발자국도 있다. 해남군 우항리에서 발견된 용각류의 앞발자국은 발자국 한 개의 길이가 75센티미터가 넘을 뿐 아니라 뒷발이 찍혀 있지 않아 용각류가 물속에서 앞발만 육지에 내딛은 것으로 해석되었다.[10] 고성에서 발견된 용각류 공룡의 뒷발자국은 120센티미터가 넘는다.[11]

아직 완벽한 용각류 공룡뼈는 발견되지 않았지만 우리나라에 얼마나 큰 공룡이 살았었는지를 말해주는 발자국들이다. 어떤 경우에는 발자국 표면에 공룡 피부의 무늬가 고스란히 드러나 있는 것들도 있다. 이것을 통해 공룡 발바닥 피부 패턴이 어떻게 이루어졌는지 추측해볼 수 있다.

가장 많이 발견된 공룡 발자국은 조각류의 발자국이다. 조각류는 군집을 이루어 이동했기 때문에 평행한 발자국 보행렬이 여러 개 산출되는 경우가 많다. 최근 군산에서 발견된 조각류 발자국 보행렬은 그 숫자가 많고 보행렬의 길이도 매우 길어 천연기념물로 지정되었다. 육식 공룡인 수각류 발자국 보행렬이 잘 보존되어 있는 곳은 전남 화순군 서유리다. 이곳에 가면 여러 방향으로 지나간 육식 공룡 발자국들이 남아 있다. 수각류 발자국은 조각류 발자국처럼 발가락이 세 개이지만 조각류 것에 비해 발가락의 폭보다 길이가 더 길고 날카로운 발톱 자국이 찍혀 전체적으로 둥근 조각류 발자국과 쉽게 구별된다.

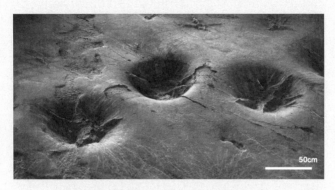

©Lee and Lee

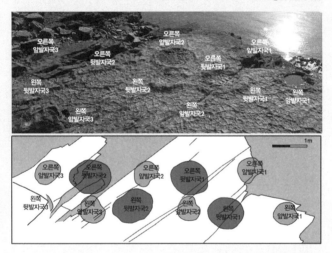

오른쪽 앞발자국3
오른쪽 뒷발자국2
오른쪽 앞발자국2
오른쪽 뒷발자국1
오른쪽 앞발자국1
왼쪽 뒷발자국3
왼쪽 뒷발자국2
왼쪽 앞발자국3
왼쪽 앞발자국2
왼쪽 뒷발자국1
왼쪽 앞발자국1

1m

오른쪽 앞발자국3
오른쪽 뒷발자국2
오른쪽 앞발자국2
오른쪽 뒷발자국1
오른쪽 앞발자국1
왼쪽 뒷발자국3
왼쪽 앞발자국3
왼쪽 뒷발자국2
왼쪽 앞발자국2
왼쪽 뒷발자국1
왼쪽 앞발자국1

©Lee and Lee

해남군 우항리(위)와 고성군 동해면(아래)에서 발견된 용각류 발자국 공룡 발자국은 해안가의 풍화 노출된 지층에서 쉽게 발견될 뿐만 아니라 인위적으로 도로를 내기 위해 산을 깎은 절개면, 건설 공사 현장, 심지어 도심의 하천 바닥에서도 종종 발견된다. 아마 공룡 발자국 산출은 그 밀도와 다양성에 있어서 우리나라가 세계 최고가 아닐까 한다. 우리나라에 이토록 많은 발자국 화석이 잘 남겨진 원인은 발자국이 잘 찍히는 호숫가 퇴적층이 많고, 발자국이 만들어진 후 지

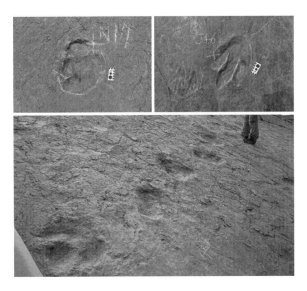

군산시 산북동에서 발견된 공룡 발자국(조각류, 수각류, 조각류 발자국 보행렬)[12]

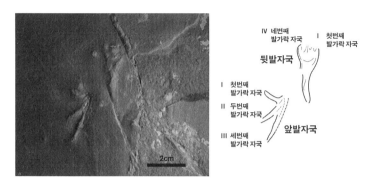

경남 하동군에서 발견된 새로운 익룡 발자국(프테라이크누스 코리아넨시스)[13]

각변동에 의해 암석이 단단해져 그 속에 남겨진 발자국이 원래의 형태를 유지한 채 잘 보존되었기 때문이다.

공룡시대에는 공룡만 살았던 것이 결코 아니다. 공룡과 함께 중생대에 살았던 생물은 위에서 설명했듯 거북, 도마뱀, 악어, 포유류, 익룡, 새 등 다양하다. 우리나라 여러 곳에서 백악기 익룡 발자국도 발견된다. 그중 경상남도 하동군 하부 백악기 하산동층에서 발견된 익룡 발자국은 우리나라에서 발견된 가장 오래된 신종 익룡 발자국이며, 위 사진을 보면 알 수 있듯이 크기도 아주 작아 길이가 약 2.5센티미터에 불과하다. 익룡 발자국이 발견되기 전까지 학자들은 익룡의 걸음걸이에 대해 잘 몰랐다. 두 발로 걸었다는 주장과 네 발로 걸었다는 주장이 팽팽했다. 하동군에서 발견된 프테라이크누스 코리아넨시스*Pteraichnus koreanensis* 익룡 발자국은 익룡이 네 발로 걸었다는 것을 분명히 보여준다. 앞발자국과 뒷발자국이 모두 찍혀 있기 때문이다.

이러한 걸음걸이는 익룡 몸의 형태 때문이다. 익룡은 머리가 크고 날개도 있어서 상반신이 하반신보다 훨씬 더 발달해 있고, 뒷다리는 빈약할 정도로 약하다. 이렇게 무게 중심이 몸 앞쪽에 있는 익룡은 두 발로만 설 수가 없다.

새와 도마뱀들의 천국

또 하나 놀라운 것은 우리나라는 새 발자국의 천국이라고 할 만큼 전 세계에서 발견된 신종 새 발자국의 60퍼센트가 국내산이다. 특히 우리나라에서 1980년대에 공룡 발자국이 처음 인지되기 전인 1969년 경남 함안군에서 신종 새 발자국인 코리아나오르니스 함안엔시스*Koreanaornis hamannensis*가 발견되었다.[14] 이 새 발자국은 국내 최초이자 세계에서 두 번째로 명명된 새 발자국이었다. 그 후 여러 공룡 발자국 화석지에서 공룡 발자국 이외에 익룡과 새 발자국 화석이 함께 발견되기 시작했다.

이러한 과정에서 특이한 발자국들이 속속 발견되었다. 다음의 예는 우리나라가 얼마나 중요한 발자국 화석지인가를 극명하게 보여준다. 첫 번째 사례가 울산에서 발견된 코리스토데라Choristodera의 발자국 보행렬이다. 코리스토데라는 악어처럼 생겼지만 악어와는 완전히 다른 그룹이다. 약 1억 년 전 중생대 백악기에 활동한 수생 또는 반수생 파충류로 신생대에 들어와 멸종했다. 우리나라에서 완벽한 코리스토데라 보행렬이 발견된 것은 세계 최초의 일이다.[15] 이 발자국에는 '노바페스 울산엔시스Novapes ulsanensis'라는 학명을 부여했다. 코리스토데라의 뒷발가락은 다섯 개로 뒷발가락이 네 개인 악어의 발자국과는 쉽게 구별된다.

두 번째 사례는 세계에서 가장 오래된 도마뱀 발자국 보행렬이다.[16] 이 중요한 발자국은 경남 하동군 하부 백악기 하산동층에서 발견했다. 뒷발자국과 앞발자국의 길이가 약 2센티미터밖에 되지 않는 작은 발자국인데 처음에는 무슨 발자국인지 선뜻 짐작하지 못했다. 연구를 하면서 비로소 도마뱀 발자국이라는 것을 알게 되었다. 도마뱀의 발은 굉장히 특이하게 생겼다. 사진에서 보듯이 뒷발은 첫 번째

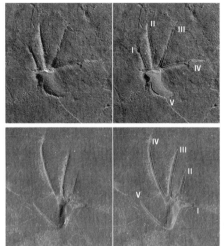

ⓒLee et al., 2018

ⓒZeynel Cebeci

경남 하동군에서 발견된 도마뱀의 앞발자국(맨 위)과 뒷발자국(가운데), 현생 도마뱀의 발 모습(맨 아래)

발가락이 가장 짧고 네 번째로 가면서 점점 길어지다가 다섯 번째 발가락은 발바닥뼈와 함께 벌어져 마치 발꿈치에서 나온 것처럼 보인다. 앞발도 역시 발가락이 다섯 개다. 이 발자국을 현생 도마뱀의 발과 비교해보면 아주 잘 일치한다.

이 발자국이 도마뱀의 것임을 확신하고 지금까지 전 세계에서 보고된 도마뱀 발자국을 조사했으나 의외로 도마뱀 발자국 논문은 그 양이 미비했다. 가장 오래된 발자국은 미국 신생대층에서 발견되었으나 연구가 제대로 이루어지지 않았고, 이 논문이 발표되기 전 하산동층보다 시대가 젊은 함안층에서 도마뱀 발자국이 보고되었다. 결국 하산동층에서 발견된 작은 발자국은 세계에서 가장 오래된 도마뱀 발자국임이 판명되었다. 약 1억 2,000만 년 전에 살았던 도마뱀 발자국이다. 이 새로운 발자국에는 사우리페스 하동엔시스*Sauripes hadongensis*라는 학명을 부여했다. 사실 도마뱀을 하찮게 보는 경우가 있는데 실제 도마뱀은 환경 적응력이 아주 뛰어난 파충류다. 도마뱀은 중생대 트라이아스기에 출현한 이후로 매우 다양하게 진화를 거듭했다. 중기 쥐라기에 출현한 뱀은 사실 도마뱀에서 진화한 것이다.

도마뱀의 종류는 약 6,100종으로 오늘날 살아 있는 파충류 중 종의 수가 가장 많다. 포유류의 종 수도 이와 비슷하니 그 종류가 얼마나 다양한지 짐작할 수 있다. 또한 도마뱀은 극지방을 제외하고 전 세계에 두루 분포하고 있을 정도로 아주 다양한 환경에서 살고 있다. 중생대에 살았던 '모사사우루스'라고 하는 해양 파충류도 도마뱀의 한 종류다. 도마뱀은 변장을 잘한다. 보호색이 너무나도 완벽해서 주위 환경과 잘 구별되지 않을 정도다. 그리고 갈비뼈가 날개처럼 펼쳐져 날개 막으로 활공하는 드라코*Draco*라는 날도마뱀도 있고, 뱀처럼 다리가 없는 무족도마뱀*legless lizard*도 있다. 갈라파고스에는 바닷속에 들어가 해초를 뜯어 먹는 바다이구아나도 있다.

　현재 가장 오래된 뱀 화석은 1억 7,000만 년 전 지층에서 산출되었으며 이보다 더 오래전 시기에 도마뱀에서 갈라져 나왔을 것으로 추정된다.[17] 백악기 지층에서는 뒷다리가 남아 있는 뱀 화석*Pachyrhachis problematicus*이 발견된다.[18] 우리가 흔히 '그건 사족(뱀의 다리)일 뿐이야'라고 말하는데 사실 뱀의 다리가 원래부터 없었던 것은 아니고, 도마뱀에서 진화한 초기의 원시 뱀들은 다리가 있었다. 점점 더 진화하면서 다리가 완전히 없어졌는데, 뱀의 몸이 점점 길어지면서 다리의 용도가 불필요하게 되어 자연스럽게 퇴화하면서 없어졌다.

현재 살아 있는 도마뱀 중 가장 큰 것은 '코모도왕도마뱀'이다. 인도네시아 코모도섬에 서식하고 있는 이 도마뱀을 공룡과 비교하는 경우도 많지만 공룡과 도마뱀은 완전히 다른 그룹이다. 코모도왕도마뱀은 길이가 3미터나 되지만 3센티미터 밖에 되지 않는 아주 작은 도마뱀도 있을 정도로 크기가 다양하다. 도마뱀은 몸을 좌우로 실룩실룩하면서 네 발로 걷는다. 이것은 사실 하등한 동물의 걸음걸이다. 공룡이나 사람처럼 다리가 몸에서 직각으로 내려와 있지 않고 옆으로 벌어져 있기 때문에 걸을 때 몸을 좌우로 비틀 수밖에 없다. 굉장히 원시적인 걸음걸이다.

그런데 상당수의 도마뱀들은 뒷발로만 뛰는 능력을 갖고 있다. 대표적인 것이 '예수도마뱀common basilisk lizard'이다. 바실리스크 도마뱀은 위험을 감지하면 뒷발로 물위를 빠르게 달린다. 이것이 가능한 이유는 뒷발이 앞발보다 훨씬 길기 때문이다. 발바닥도 앞발보다 뒷발바닥이 훨씬 크며,

이렇게 발의 표면적이 넓기 때문에 왼발이 빠지려고 하면 재빨리 오른발을 디디고, 오른발이 빠지려고 하면 재빨리 왼발을 디디는 식으로 물위를 빠르게 달릴 수 있다. 몸무게가 가볍기 때문에 아주 긴 꼬리로 균형을 잡으면서 이러한 방법으로 물위를 뛰는 것이 가능하다. 뒷다리도 너무 길다 보니 빨리 뛸 때는 앞다리와 보조를 맞추기가 어렵다. 도마뱀이 갑작스럽게 속력을 내면 앞발은 들고 뒷발로만 뛰게 된다. 현생 도마뱀들 중에는 이렇듯 일시적인 이족보행이 가능한 도마뱀들이 많다. 그러면 도마뱀은 언제부터 이렇게 특수한 보행 방법이 가능해졌을까?

한국에서 발견된 도마뱀 발자국 사우리페스 하동엔시스는 세계에서 가장 오래된 도마뱀 발자국일 뿐만 아니라 그 당시에도 도마뱀이 이족보행이 가능했다는 것을 보여준 최초의 사례다. 왜냐하면 사우리페스 보행렬에는 뒷발 자국만 찍혀 있기 때문이다. 그리고 우리가 뛸 때 가속을 하면 보폭이 커지는 것처럼 사우리페스의 발자국 역시 보폭이 점점 커지는 것을 확인할 수 있다. 그리고 빨리 뛰면서 벌어진 뒷다리가 중심축으로 모아지게 되는데 보행렬에서는 왼발 발자국과 오른발 발자국의 간격이 점차 좁아지는 것도 확인할 수 있다. 1억 2,000만 년 전에 이미 도마뱀이 뒷다리로만 뛰는 이족보행이 가능했다는 것을 보여주는 명백한 증거다. 2센티미터밖에 되지 않는 작은 발자국이라도 그것이 가지고 있는 학술적 가치는 우리가 생각하는 것보다 훨씬 크다. 화석이 말해주는 이러한 정보들은 현생 도마뱀을 아무리 깊이 있게 연구한다 해도 결코 알아낼 수 없다.

중생대 화석이 들려주는
놀라운 이야기

과거로부터 온 메신저

우리나라에서는 코노돈트를 제외하고는 고생대 물고기 화석이 아직 발견되지 않았다. 하지만 중생대부터는 형태를 확인할 수 있는 물고기 화석이 등장한다. 그런데 앞에서도 말했듯이 중생대 기간에 우리나라는 내륙 지역에 위치했기 때문에 발견된 물고기는 민물 물고기 화석이다. 충남 보령시에는 후기 트라이아스기에서 전기 쥐라기에 쌓인 남포층군이 있는데 그중 아미산층은 흑색 셰일이 주로 배태되어 있어 예로부터 좋은 벼루를 만드는 데에 이용되어왔다. 이 흑색 셰일에서는 많은 식물 화석과 곤충 화석이 산출된다. 가끔 물고기 화석도 산출되는데 최근 가장 보존이 좋은 표본이 공식적으로 기재되었다.

이 물고기 화석은 신종으로 히아스코악티누스 보령엔
시스_Hiascoactinus boryeongensis_로 명명되었다. 이 물고기 화석은
우리나라에서 보고되는 가장 오래된 중생대 물고기 화석
이다. 특히 이 화석을 통해 후기 트라이아스기에 우리나라
가 판게아 초대륙에 민물 수계로 연결되어 있었음을 알 수
있다. 히아스코악티누스가 속한 물고기 종류는 곤드와나
대륙에서 기원해 점차 북상해 중국 대륙을 거쳐 우리나라
에까지 서식 범위를 넓혔다는 것이 밝혀졌다.[19]

발자국 이외에도 전남 보성군에서 '아스프로사우루스

ⓒ한국지질자원연구원

충남 보령군에서 발견된 히아스코악티누스 보령엔시스

Asprosaurus'라는 도마뱀 화석을 공룡알 화석지에서 함께 발견했다.[20] 오늘날 현존하는 이 도마뱀 그룹의 후손은 새의 알을 훔쳐 먹는 도마뱀이다. 따라서 아스프로사우르스가 그당시 공룡알 둥지에서 알을 훔쳐 먹는 도마뱀이었을 것이라는 추정이 가능하다. 뿐만 아니라 우리나라에는 경북 경산시에서 발견된 민물 거북 화석[21]도 있고, 경남 하동군의 작은 무인도에서 발견된 악어 화석도 있는데 이 화석은 머리 부분이 거의 완전한 상태로 발견된 화석이다.[22]

한반도에 살았던 공룡들

공룡 화석은 발자국에 비해 뼈 화석이 그렇게 많이 발견되지는 않았다. 우리나라에서 발견한 공룡 발자국의 70퍼센트는 조각류 발자국인데 그 조각류가 정확히 어떤 조각류 공룡인지 뼈 화석을 통해 알아내지는 못했다. 지금까지 확인된 뼈는 경남 하동군에서 발견한 닳은 이빨 한 개와 전남 보성군에서 발견한 코리아노사우루스다. 비록 이빨 한 개이지만 이빨의 주인이 진화된 이구아노돈류iguanodontid의 것임이 밝혀졌다.[23]

반면 몸 뼈의 일부가 보존된 코리아노사우르스 보성엔

경남 하동군에서 발견한 이구아노돈류 공룡의 닮은 상악치

시스*Koreanosaurus boseongensis*는 아주 작은 크기의 조각류 공룡
이다.[24] 원시적인 조각류로 분류되며 현재 이들이 어떤 그
룹에 속하는지는 의견이 갈려 있다.

   사실 우리나라에서 가장 먼저 발견한 공룡은 '울트라사
우루스 탑리엔시스*Ultrasaurus tabriensis*'라는 용각류 신종이다.
1973년 경북 의성군에서 불완전한 한 개의 큰 뼈를 발견해
1983년에 국내 학회지에 처음 기재되었다.[25] 그런데 발견
당시 이 화석의 연구자는 이것을 팔꿈치 뼈로 잘못 알았다.
그 후 연구에 의해 상완골의 윗부분 뼈로 밝혀졌다.[26] 그래
서 크기가 지나치게 과장되어버렸고, 결국 이 화석은 현재

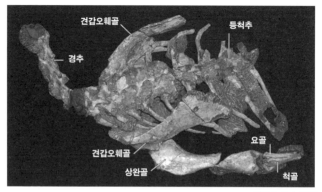

© Huh et al., 2011

견갑오훼골 · 경추 · 견갑오훼골 · 상완골 · 등척추 · 요골 · 척골

전남 보성군에서 발견한 코리아노사우르스 보성엔시스 화석

신종으로 인정할 만한 고유의 특징이 없기 때문에 더 이상 학명으로 통용되지 않고 있다.

경남 하동군에서 발견한 '부경고사우루스*Pukyongosaurus millenniumi*'라는 이름의 용각류 공룡 역시 올바른 학명을 인정받지 못하고 있다.[27] 새로운 종으로 인정받기 위해서는 기존에 알려진 종들과 전혀 다른 새로운 특징이 발견되어야 하는데 그런 새로운 특징을 확신할 수 있을 정도로 뼈가 충분히 발견되지 않으면 신종인지를 판단할 수 없기 때문이다.

우리나라에서는 이러한 초식 공룡들뿐만 아니라 육식 공룡의 뼈도 발견된다. 지금까지 발견된 육식 공룡은 주로 낱개의 이빨로 발견되는데 수각류 공룡들은 이빨이 계속해서 나기 때문에 그 숫자도 많아 발견될 확률이 높고, 또 먹이를 공격하다 이빨이 부러지거나 빠지는 경우도 있다. 지금까지 발견한 육식 공룡 이빨 중 가장 큰 것은 길이가 9센티미터로 서대문박물관에 전시되어 있는 아크로칸토사우루스*Acrocanthosaurus*의 이빨 크기와 같다.[28] 아크로칸토사우루스는 전기 백악기를 대표하는 육식 공룡으로 몸길이가 약 10미터 정도 된다. 우리나라에도 이렇게 큰 육식 공룡이 살았다니 놀랍다.

또한 우리나라에서 티라노사우루스*Tyrannosaurus*가 발견될 시기(6,600만 년 전)의 지층은 없지만 티라노사우루스의 조상이 살았었다는 것이 이빨을 통해 밝혀졌다.[29] 단지 이빨한 개이지만 이러한 사실을 알 수 있는 것은 티라노사우루스류의 앞니가 다른 육식 공룡의 이빨과 전혀 다르게 생겼기 때문이다. 대부분의 육식 공룡의 이빨은 단검처럼 납작한 형태를 갖고 있지만 티라노사우루스류의 앞니 단면은 D자 형태로 독특하게 생겼다. 사실 티라노사우루스의 조상은 아시아에 있었으며 가장 오래된 것은 후기 쥐라기에 중국에서 살았다. 이들의 후손이 아시아에 넓게 퍼져 살았고 그중 한 그룹이 후기 백악기에 베링육교Bering Land Bridge를 건너 북미대륙으로 넘어가 덩치가 커지면서 백악기 최후기의 가장 큰 육식 공룡인 티라노사우루스로 진화한 것이다. 이빨 이외에 발견한 수각류 뼈는 의성군에서 발견한 대퇴골 한 개가 있는데 이 대퇴골은 진화한 수각류인 마니랍토라류 공룡의 것으로 해석된 적이 있다.[30]

코리아케라톱스, 뿔공룡의 출현

위에서 설명한 것처럼 지금까지 우리나라에서 발견된 공룡뼈 화석을 보면 우리의 기대처럼 머리부터 꼬리 끝까지 완벽하게 보존되어 있는 공룡은 단 한 점도 없었다. 대부분 낱개의 분리된 이빨이나 단순한 뼛조각이나 다리뼈 한 개 등으로 뼈들이 제 위치에 연결되어 형태를 가늠할 수 있는 화석이 거의 없었다. 우리나라에는 제대로 된 공룡 골격이 발견되지 않는다고 실망할 즈음, 2008년 6월에 화성시 전곡항 탄도방조제에서 발견된 공룡 화석은 이러한 선입견을 뒤집기에 충분했다. 그즈음 화성시는 전곡항에서 처음으로 세계요트대회를 개최하게 되었는데 대회 준비를 위해 공무원들이 전곡항 주변을 정리하고 있었다. 그때 한 여성 공무원이 뼈 화석을 발견하고 물고기 뼈 같다고 보고했고, 화성시는 곧 나에게 연락을 해왔다.

현장에 가보니 약 1.5미터 정도 되는 커다란 탄도방조제 암석에 뼈가 살짝 드러나 있었다. 굉장히 중요한 화석이라는 것을 직감하고 이 암석 블록을 크레인으로 들어내 일단 화성시로 옮긴 후 그곳의 도움으로 다시 내 실험실로 옮겨 화석 처리를 시작했다. 흥미롭게도 서울을 포함해 경기도 대부분의 지역은 선캄브리아시대의 아주 오래된 변성암으로 구성되어 있어서 화석은 산출되지 않는다. 그런데 특이하게도 화성시와 안산시에 아주 작은 백악기 분지가 존재한다.

화성시 공룡알 화석지는 남양분지에 속해 있고 안산시의 탄도와 전곡항 주변은 탄도분지가 있다. 이 분지에는 약 1억 2,000만 년에서 1억 1,000만 년 전의 지층들이 분포한다. 남양분지에 속한 화성시 송산면 고정리의 시화호 남측 간척지에는 우리나라 최대 공룡알 화석지가 있다. 그런데 전곡항이 있는 탄도분지에서 공룡 골격 화석이 나왔다는

화성시 전곡항에서 발견했을 당시의 코리아케라톱스 화석

것은 정말 의외의 대사건이었다. 드넓은 백악기층이 분포하는 경상도와 전라남도, 충청남도 지역에 비해 비교할 수 없을 정도로 매우 작은 경기도의 백악기 분지에서 우리나라를 대표하는 가장 큰 공룡알 화석지와 새로운 공룡 화석을 발견한 것이다.

실험실에서 화석 처리가 시작되었다. 화석을 연구하기 위해서는 화석을 감싸고 있는 암석을 제거해야 한다. 이때 암석이 단단하면 이를 제거하기가 쉽지 않다. 중국이나 몽골은 백악기 암석이 단단하지 않아 뼈를 암석에서 쉽게 분리해낼 수 있다. 하지만 우리나라는 뼈보다도 암석이 더 단단하다. 뼈의 전체 형태가 드러나도록 암석을 제거하기란 여간 어려운 일이 아니다. 연필처럼 생긴 에어 스크라이버 air scriber 같은 작은 공기 파쇄기를 사용해 조금씩 암석을 깎아내야 하는데, 이는 숙달된 기술과 오랜 시간이 필요한 작업이다.

화석 처리를 마치자 아름다운 화석의 전체가 드러났다. 화성시 공무원이 생선뼈 같다고 했던 부분은 사실 공룡의 꼬리였다. 보존된 부분은 거의 완전한 꼬리와 양쪽 아래 뒷다리와 발, 그리고 엉덩이뼈 일부였다. 이 모든 뼈들은 흐트러짐이 거의 없이 살아 있었을 때의 연결된 뼈 위치를 그대로 보존하고 있었다. 이렇게 각 뼈들이 제자리에 연결되어 있는 공룡 화석을 발견한 것은 처음이었기 때문에 나 역시 꽤 놀랐다. 공룡의 하반신이 거의 완전하게 발견된 것이다. 유감스럽게도 상반신 부분은 없었는데 뼈와 함께 암석이 잘린 단면이 매우 날카롭게 깨진 것으로 보아 이미 없어진 앞쪽에 붙어 있던 다른 암석 블록에 상반신이 있었을 가능성이 매우 컸다.

하지만 화석은 방조제 암석에서 발견되어 원래 묻혀 있

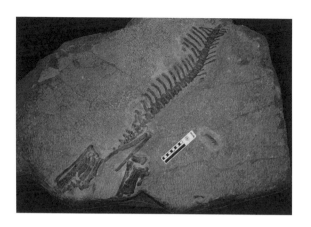

화석 처리가 끝난 코리아케라톱스 화성엔시스

던 장소는 알 수 없다. 시화호 방조제가 건설될 때 탄도방
조제도 함께 만들어졌는데 이때 제방 암석으로 사용하기
위해 주위 채석장에서 큰 암석들을 가져왔다. 탄도에는 큰
채석장이 많은데 아마도 이 중 한 곳에서 왔을 가능성이 높
다. 왜냐하면 화석이 묻혀 있는 암석은 붉은색 사암인데 이
러한 암석들이 주위에서 발견되기 때문이다. 채석장에서
커다란 암석을 채석하는 과정에서 상반신을 포함한 암석
블록이 깨져 없어졌거나 혹은 수많은 제방 암석 블록에 묻
혀 있을 가능성도 있다. 하지만 이 확인 작업을 위해 이미

만들어져 자리를 잡은 많은 수의 제방 암석을 모두 꺼내는 것은 불가능하다. 그럼에도 불구하고 우리나라에서도 이렇게 온전한 공룡 골격이 산출될 수 있다는 사실에 무척 기뻤다.

연구를 해보니 이 공룡은 뿔공룡(각룡류)이었다. 우리나라에서 공룡 발자국을 그렇게 많이 발견했지만 놀랍게도 뿔공룡의 발자국은 단 한 개도 발견한 적이 없었다. 발자국보다 먼저 뼈에 의해 우리나라에도 뿔공룡이 살았다는 사실이 밝혀진 것이다. 화성 뿔공룡은 꼬리의 형태와 발목 관절뼈의 특징에 의해 기존에 알려진 뿔공룡과는 전혀 다른 새로운 뿔공룡임을 알아냈다. 따라서 이 새로운 뿔공룡에게 화성시에서 발견된 새로운 한국 뿔공룡이라는 의미의 코리아케라톱스 화성엔시스*Koreaceratops hwaseongensis*라는 이름을 부여했다.[31]

대표적인 뿔공룡은 북미대륙의 트리케라톱스*Triceratops*나 카스모사우루스*Chasmosaurus*, 센트로사우루스*Centrosaurus*처럼 대부분 커다란 뿔이 있고 머리 뒤에 화려한 방패 같은 프릴*frill*이 발달한 공룡들이다. 하지만 뿔공룡의 오래된 조상은 매우 작았고 뿔과 프릴이 없다. 가장 오래된 뿔공룡은 중국

©N. Tamura

프릴이 발달한 다양한 뿔공룡의 머리 형태

의 후기 쥐라기층에서 발견된 인룡*Yinlong downsi* 같은 원시 뿔공룡인데 전혀 뿔공룡처럼 생기지 않았다. 그렇다면 인룡이 뿔공룡인지는 어떻게 알 수 있을까? 그것은 바로 부리뼈*rostal bone*가 있기 때문이다. 부리뼈는 전상악골 앞에 붙은 조그만 뼈인데 특이하게도 모든 공룡 중 뿔공룡에만 부리뼈가 있다. 따라서 이 뼈가 있으면 뿔공룡인 것이다.

뿔공룡이 처음 지구에 등장했을 때는 크기도 작았고 이족보행을 했다. 진화 과정에서 프릴이 발달하면서 머리가 커졌고 그로 인해 상반신의 무게가 크게 늘어나면서 사족보행을 하게 되었다. 사족보행을 하려면 자신의 몸무게를 잘 지탱하기 위해 날렵했던 발가락은 말굽처럼 넓적해지고 머리와 몸의 비율도 달라진다. 덩치는 점점 더 커져가고 코뿔과 이마뿔이 발달하면서 프릴의 모양은 엄청 다양해진다. 원시 뿔공룡은 후기 백악기에 아시아에서 베링육교를 건너 북미대륙으로 진출해 그곳에서 최고의 번성기를 누리게 된다.

북미대륙에서 뿔과 덩치를 키운 트리케라톱스 같은 뿔공룡들은 티라노사우루스와 맞설 정도로 강력해졌다. 하지만 아시아에 살던 코리아케라톱스 같은 원시 뿔공룡들

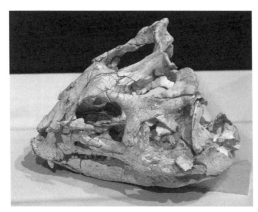

©Kabacchi

©N. Tamura

코리아케라톱스 화성엔시스보다 더 원시적인 뿔공룡 인룡의 머리뼈와 복원도

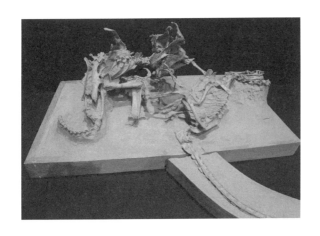

서로 싸우던 중 화석이 된 벨로키랍토르, 프로토케라톱스 화석과 그 복원도

은 그 당시 육식 공룡들의 쉬운 먹잇감이었다. 왜냐하면 뿔
이 달려 있지 않아 방어 무기가 없었기 때문이다. 몽골에서

발견된 프로토케라톱스*Protoceratops*와 벨로키랍토르*Velociraptor*가 싸우다가 함께 화석이 된 실로 놀라운 화석을 보면, 이러한 원시 뿔공룡들은 '중생대의 돼지'라는 별명으로 불릴 정도로 숫자도 많았고 다양한 포식자들의 먹잇감이었음을 알 수 있다.

복원된 코리아케라톱스 화성엔시스

코리아케라톱스 뼈의 특징 하나하나를 기록하고, 이 리스트를 바탕으로 기존 모든 뿔공룡의 뼈 특징과 일일이 비교하는 과정을 거치고 나면 코리아케라톱스의 진화 단계가 도출된다. 코리아케라톱스는 원시 뿔공룡의 중간쯤 되는 공룡으로 밝혀졌다. 아마도 이족보행을 했을 것으로 믿어지며 프릴은 작게 발달했지만 코뿔은 아직 없는 원시적인 형태였을 것으로 추정된다. 코리아케라톱스의 계통발생학적 위치가 정해지면 이를 통해 상반신의 모습도 유추해볼 수 있다. 즉 코리아케라톱스보다 조금 더 원시적인 종과 코리아케라톱스보다 조금 더 진화한 종의 상반신, 특히 머리뼈를 양쪽에 두고 그 중간의 형태로 복원한다. 이러한 기준으로 보존되지 않은 상반신을 복원하고, 발견된 하반

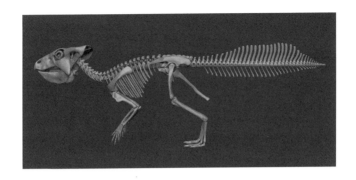

컴퓨터로 복원한 코리아케라톱스

신 화석의 정보를 반영해 전체적인 코리아케라톱스의 모습을 컴퓨터로 제작해 3D로 복원했다.

코리아케라톱스의 두드러진 특징은 바로 꼬리에 있다. 꼬리가 특이하게 납작하며 매우 높다. 내가 화석을 보자마자 뿔공룡인 것을 확신한 것도 바로 이 특이하게 생긴 꼬리 때문이다. 꼬리가 납작하고 높게 생긴 모양은 뿔공룡의 특징이다. 몽골에서 발견된 원시 뿔공룡 야마케라톱스 *Yamaceratops,* 프로토케라톱스, 바가케라톱스*Bagaceratops*와 북미 원시 뿔공룡 몬타노케라톱스*Montanoceratops*도 마찬가지다. 이러한 모양의 꼬리는 위아래로 움직이기는 어렵지만, 좌우로 움직이기는 쉽다는 특징이 있다. 또한 뿔공룡의 대퇴골과 꼬리뼈는 꼬리대퇴골근^{caudofemoralis}이라는 근육으로 연결되어 있다. 따라서 뒷발을 차례로 움직이며 전진할 때 꼬리도 이에 따라 좌우로 흔들리는 것이다.

이 원시 뿔공룡은 아직 뿔도 없는 상태라 방어할 수 있는 무기가 없다 보니 포식자들로부터 공격을 받으면 도망가는 것 외에 방법이 없다. 도망갈 때 가장 좋은 방법은 물로 뛰어드는 것이다. 포식자를 피해 물로 뛰어들어 수면에서 뒷발을 개처럼 움직일 때 이 납작한 모양의 꼬리는 좌우로 움직이며 헤엄에 유용하게 작용했을 것이다. 2022년 10월 문화재청은 코리아케라톱스 화성엔시스의 국가적 자연유산 가치를 인정해 천연기념물로 지정했다. 공룡의 골격 화석이 천연기념물로 지정된 것은 이번이 처음이다.

북한은 남한보다 중생대층의 분포가 매우 적다. 하지만 공룡 발자국도 발견되고 있고 최근에는 시조새 화석이 발견되었다는 흥미로운 소식도 있었다. 북한 매체들은 새의 기원이 북한에 있다고 선전하고 나섰다. 그러자 몇몇 기자들이 내게 사실 여부를 물었다. 물론 새의 기원은 북한이 아니다. 하지만 북한에 중요한 화석지가 있는 것은 사실이다. 그곳은 바로 평안북도 신의주다. 이곳에는 전기 백악기 지층이 있는데, 중국의 깃털 공룡이 무더기로 산출되는 랴오닝성 지역과도 가깝고 실제로 지층의 나이도 비슷하며 산출되는 화석도 비슷하다. 깃털 자국까지 있는 새 화석이 발견되었다는 것은 대단히 고무적인 일이며, 이것은 우리나라에서도 중국에서처럼 깃털 공룡을 발견할 가능성이 있다는 뜻이다. 또한 신의주에서 발견된 화석들을 보면 모두 판상으로 쪼개지는 셰일에 골격과 함께 깃털 자국이 찍혀 있다. 유감스럽게도 아직 우리나라 학자들은 그곳에 갈 수 없지만 통일이 되면 가장 먼저 가보고 싶은 곳이 신의주다.

아시아 최초로 발견된 공룡 집단 산란지

우리나라에는 공룡뼈보다 아주 더 많은 공룡알이 발견되고 있다. 공룡알이 발견된 곳만도 화성, 부여, 봉화, 부안, 목포, 구례, 하동, 보성, 사천, 고성, 통영, 부산 등 열두 곳이 넘는다. 지금까지 발견된 공룡알의 수는 약 600개 정도이며, 공룡알 둥지는 약 90개 이상이다. 그중에서 가장 중요한 곳 중 하나가 화성시다. 1999년 시화호 남측 간척지에서 공룡알을 무더기로 발견하면서 우리나라의 국토 개발 기본 계획이 확 바뀌었다. 공룡알을 발견하기 전 정부는 시화호방조제로 시화호를 담수화하고 해수면 하강으로 드러난 남측 간척지에 공장을 짓거나 대규모의 논을 만들고자 했었다. 그런데 드러난 남측 간척지 갯벌 중간 지점에 점점이 조그맣게 드러나 있던 섬들에서 200개 이상의 공룡알을 발견했다. 우리나라 최대의 공룡알 화석지를 발견한 것이다.

그러자 2000년 3월 문화재청은 이 지역을 보호하기 위해 천연기념물로 지정했다. 그 면적이 자그마치 483만 평이다. 정부가 개발하려던 곳의 가운데 중심 지역이 완전히 개발이 불가능해진 것이다. 이렇게 한 나라의 경제개발 정책을 바꿔놓을 만큼 화석이 귀중하게 취급되는 것을 보고 세계 각국은 놀라움을 금치 못했다. 이로 인해 공장을 짓고 논으로 만들려던 계획은 무산되고 남측 간척지는 '송산그린시티'라는 친환경적 개발로 크게 정책이 수정되었다.

그렇다면 왜 문화재청은 화성시 고정리 공룡알 화석지의 가치를 그토록 높게 평가했을까? 이곳은 예전에는 바닷물이 들어와 사람들이 걸어 들어갈 수 없던 곳이었으나 시화호 방조제로 해수면이 낮아지자 열두 개의 조그만 섬들과 바닥 노두가 모습을 드러냈다. 여러 차례의 조사를

화성시 송산면 고정리 닭섬에서 발견한 공룡알 둥지

통해 드러난 지층 표면에서 200개 이상의 공룡알과 29개의 공룡알 둥지를 확인했다. 발견된 공룡알의 종류는 네 종류다.

그중 한 종류의 공룡알이 제일 많이 발견되었는데 이 형태의 공룡알은 아홉 개의 각기 다른 층준에서 발견되었다. 이 의미는 같은 종류의 공룡들이 시기가 다르게 아홉 번이나 이곳에 와서 함께 알을 낳았다는 이야기다. 즉 이곳은 과거 초식 공룡들의 집단 산란지였다. 더욱 중요한 사실은 이곳이 아시아에서 최초로 발견된 공룡 집단 산란지라는 것이다. 다른 형태의 공룡알은 크기가 9센티미터밖에 안 되지만 알의 두께가 5밀리미터나 된다. 세계 곳곳에서 발견된 공룡알 중 알의 크기에 비해 두께가 가장 두꺼운 공룡알 중 하나다. 여기서 우리가 궁금한 것은 태아 공룡이 이렇게 두꺼운 알을 어떻게 깨고 나왔을까 하는 것이다. 또한 왜 공룡들은 이곳을 산란지로 택했을까? 공룡이 산란하던 그 당시 이곳의 환경은 어땠을까? 여기 묻혀 있는 수많은 공룡알들은 부화한 공룡알들일까? 아니면 부화하지 못하고 죽은 알들일까? 공룡알들이 이처럼 많이 발견되는데 뼈 화석은 왜 거의 발견되지 않을까? 네 종류의 알을 낳은 공룡은 각각 어떤 공룡들이었을까? 꼬리에 꼬리를 무는 궁금증을 해결하기 위해 공룡알과 공룡의 산란 습성에 대해 앞으로 많은 연구가 필요하다.

더욱 고무적인 것은 현재 드러난 섬의 거의 모든 지층 표면에서 공룡알이 발견되지만 이들이 전부가 아니라는 것이다. 천연기념물 지역으로 지정된 483만 평은 주로 갯벌로 덮여 있지만 갯벌 밑에 숨겨져 있는 백악기 지층 속에는 어마어마한 공룡알이 묻혀 있을 것으로 추정된다. 이토록 굉장한 공룡알 화석지가 우리나라에서 발견되었다는 것은 엄청난 행운이다. 앞으로 이곳은 뉴욕의 센트럴파크처럼 수도권의 센트럴파크가 될 것으로 확신한다. 현재 화성시는 이곳에 가칭 '공룡과학연구센터'를 건립 중이다. 이 센터가 완공되면 우리나라의 공룡 연구도 한 차원 더 높아지리라 기대해본다.

새롭게 발견된 공룡알의 빛나는 가치

화성시의 공룡알 화석지와 더불어 중요한 공룡알 둥지가 목포시 압해도에서도 발견되었다. 목포시와 압해도를 연결하는 다리를 놓기 위해 압해도의 산을 깎는 과정에서 발견했으며, 둥지 폭이 2미터 정도로 우리나라에서 발견된 둥지는 중 가장 크다. 둥지 속의 알은 타원형으로 장축의 길이가 41센티미터 정도인데 이 공룡알은 우리나라에서 발견한 알 중 가장 크며, 천연기념물로 지정되었다. 알 속에 태아 화석이 남아 있었다면 공룡알의 어미가 어떤 공룡인지 밝히기 위해 더할 나위 없이 좋았겠지만 유감스럽게도 그렇지는 않았다.

하지만 이와 똑같은 종류의 공룡알이 중국에서도 발견된 적이 있다. 다행스럽게도 그 알 속에는 태아 화석도 들어 있어서 정확히 어미가 어떤 공룡인지를 알아낼 수 있었다. 중국 연구팀은 이 태아 화석을 통해 베이베이롱 시넨시스 *Beibeilong sinensis*라고 하는 오비랍토르류 Oviraptorosaurid에 속하는 공룡이 낳은 알인 것으로 결론지었다.[32] 《내셔널 지오그래픽》의 표지를 장식할 정도로 굉장히 중요한 가치가 있는 이 공룡알 화석을 우리나라에서도 발견했다는 것은 고무적인 일이지만 태아 화석이 함께 들어 있지 않았다는 게 아쉬울 뿐이다.

전라북도 부안에서 배를 타고 40분 정도 서해로 나가면 도착하는 위도라는 섬에서 새로운 공룡알 화석지를 발견했다. 섬의 작은 해안 노두에 붉은색 지층이 노출되어 있는데 이곳에서 세 종류의 알을 발견한 것이다. 그중 두 종류는 공룡알 신종이었고, 하나는 코리스토데라 또는 악어의 알로 추정된다. 최근 전라북도는 위도를 포함해 여러 중요한 지질학적 가치가 높은 지역을 묶어 유네스코 '전북서해안 세계지질공원'으로 등재하기 위해 노력 중이다. 이러한 노력에 위도에서 발견한 공룡알 화석지가 중요한 역할을 하는 것은 자명하다.

이처럼 중생대를 연구하는 것은 아주 흥미롭고 즐거운

일이다. 다시 강조하면 우리나라 남한의 4분의 1 정도가 중생대층이고 육상 환경에서 만들어진 지층이어서 공룡, 익룡 등 다양한 생물이 발견될 수 있는 아주 좋은 지질학적 환경을 가지고 있다. 물론 중국이나 미국, 몽골 등에 비해 땅의 크기도 작고 암석도 무척이나 단단하지만 그럼에도 불구하고 우리나라의 화석은 과거 한반도에 어떤 생물이 살았는지를 알려주는 아주 귀중한 가치가 있는 보물 같은 자료다. 지금까지 우리나라에서 발견해낸 공룡들은 엄연히 일본이나 중국, 몽골 공룡과 다르고 우리나라에만 존재했던 독특한 공룡들이다. 그렇기 때문에 아무리 파편적이고 불완전한 화석이라도 애정과 관심으로 깊이 있게 연구할 필요가 있다.

동해가 가져온
신생대의 시간

동해가 열리고 열도가 분리되다

우리나라에는 신생대 분지가 그렇게 많지 않다. 제3기 신생대층은 북한 황해도 봉산 지역의 고제3기 지층이 일부 분포하고, 대부분은 신제3기인 마이오세 지층이 남한의 동해안을 따라 양남분지, 포항분지, 영해분지, 북평분지에 분포해 있고 북한에는 가장 큰 길주명천분지가 있다. 신생대에 우리나라에서는 무슨 일이 있었을까?

과거에 일본이 우리나라에 바짝 붙어 있었다는 것을 아는 사람들이 그렇게 많지는 않은 것 같다. 그러다가 2,300만 년 전부터 일본이 우리나라에서 서서히 떨어져 나가기 시작하면서 동해가 생기고 일본 열도가 분리되었

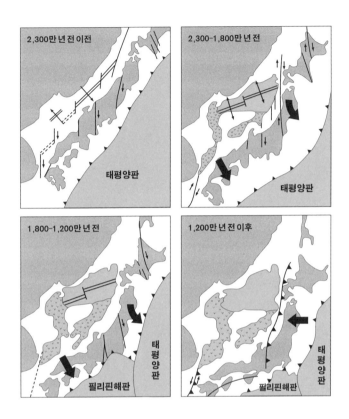

신생대 동해 생성 과정

다.[33] 그러니까 2,300만 년 동안 일본은 계속해서 태평양 쪽으로 당겨지다가 태평양판과 필리핀판에 의해 동해로 다시 밀리고 있다. 일본이 우리나라보다 훨씬 지진이 많이 발생하는 이유도 이와 같은 현상 때문이다.

일본에 비해 비교적 안쪽에 위치한 한반도는 일본보다 지진이 덜 발생한다. 하지만 아마 일본이 떨어져 나가던 초기에는 우리나라 역시 지진이 자주 발생했을 것으로 추정된다. 일본이 분리되면서 동해가 열리자 태백산맥 동쪽에서 동해 방향으로 하천이 생겨났고 해안가에 퇴적물들이 쌓이게 되었다. 그 후 포항 지역에는 큰 해침이 일어나면서 해성층이 두껍게 쌓였다. 그로 인해 동해안을 따라 마이오세 하부에는 육성층이, 상부에는 해성층이 쌓이게 된 것이다.

우리나라에서 신생대 척추동물 화석을 제일 먼저 연구한 사람은 일제강점기 때 우리나라에 들어와 있던 일본의 학자들이었다. 이 일본 학자들이 북한의 봉산 탄광이나 길주, 명천 등에서 발견한 포유류 화석을 연구했다. 유감스럽게도 그 많은 화석들이 지금 일본 도쿄대학교 박물관이나 교토대학교 박물관에 보관되어 있다. 우리나라의 귀중한 자연유산인 만큼 하루속히 되찾아올 수 있기를 바라는 마음이다.

그런 화석 중에는 길주명천분지에서 수집한 곰포테리

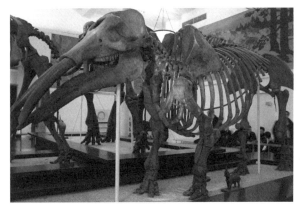

ⓒRyan Somma

곰포테리움 코끼리 화석

움 *Gomphotherium annectens*의 커다란 이빨 화석도 있다. 나와 일본 도쿄 과학관의 토미다 박사가 함께 교토대학교 박물관에 있는 북한 화석을 연구했다.[34] 흥미로운 것은 최근 북한 학자들이 같은 지역에서 새로운 곰포테리움 턱을 발견해 보고했다는 것이다.[35] 곰포테리움은 코끼리의 조상 중 한 그룹으로 아래턱과 위턱에 상아가 네 개가 있는 주둥이가 긴 코끼리다. 우리나라에 코끼리가 살았다는 게 믿어지는가? 원시 코끼리이긴 하지만 우리나라에도 분명 코끼리가 살았다.

신생대 육성층의 지질시대를 밝히기 위해 가장 좋은 화석은 설치류 이빨 화석이다. 설치류는 세계 곳곳의 다양한 환경에 잘 적응해 살아갈 뿐만 아니라, 새끼도 많이 낳아 숫자도 많고, 종류도 매우 다양하며, 매우 빠르게 진화한다. 그렇기 때문에 화석으로 잘 남는 단단한 이빨들이 표준 화석으로 사용된다. 세계적으로 설치류의 이빨을 연구하는 학자들이 상당수 있지만 우리나라에서는 이러한 화석에 관심을 가진 사람이 아무도 없었다. 남한의 신생대층은 위에서 언급한 것처럼 하부는 육성층, 상부는 해성층으로 구성되어 있다. 해성층에서는 시대를 지시할 수 있는 매우 다양한 미화석이 산출되기 때문에 비교적 정확한 지질시대가 정립되어 있는 반면, 하부 육성층의 시대는 잘 알려지지 않았다. 하지만 하부 육성층의 시대를 정확히 알아야 동해안을 따라 발달한 분지가 언제 만들어졌는지 알 수 있고, 이는 동해가 언제부터 열리기 시작했는지에 대한 정보와 밀접한 관계가 있다.

우선 나는 북평분지의 지질시대가 다른 분지보다 젊게 보고되어 있다는 사실에 의문을 품었다. 동해가 열리면서 생긴 신생대 마이오세 분지들은 시대가 거의 같아야 하기 때문이다. 또한 북평분지에서 지질시대를 정하는 데에 사용된 유공충 화석도 현장 조사에서 전혀 산출되지 않고 있었다. 이는 북평분지가 해성층이 아닌 육성층으로만 구성되어 있다는 점을 암시하는 것이었다. 나는 이를 확인하고자 북평층에서 포유류 이빨을 찾기 위한 야외작업을 시작했다. 설치류 이빨은 크기가 2~5밀리미터 정도로 매우 작기 때문에 지층에서 바로 찾아내기란 매우 힘들다. 그래서 지층을 구성하고 있는 모래알 같은 퇴적층을 실험실로 가져다가 원하는 크기의 알갱이를 모으기 위해 채를 이용해 물로 걸러낸다. 이렇게 모은 알갱이들을 현미경으로 보며 포유류 이빨을 찾는 것이다. 이러한 작업은 암석과 대상이 다를 뿐 조선누층군에서 코노돈트 이빨을 찾는 방법과 거의 같다.

1톤 이상의 북평층 사암을 처리해 최종적으로 네 개의 포유류 이빨 화석을 얻었다. 한 개는 다람쥐 이빨이었고, 다른 한 개는 박쥐의 이빨이었다. 이들 이빨은 지층의 나이를 밝히는 데에 도움이 되지 않았지만 나머지 두 개의 설치류 이빨은 표준 화석이었다. 빙고! 한 개는 데모크리스

지질연대			양남분지			포항분지	영해분지	북평분지
플라이오세								도경리역암
마이오세	후기						영동층	북평층
							영해역암	
							도곡동층	
	중기					두호층		
						학전층		
		연일층군		신현층		천곡사층		도경리역암
				강동층		단구리역암		북평층
	전기	장기층군	기림사석영안삼암		망해산층			
				어일현무암	오천층			
			전동층		금광동세일			화산암
					정천리역암			해성퇴적암
		범곡리층군	장항층		후동리층			육성퇴적암
			안동리역암		상정동층			
			와읍리응회암					

남한의 제3기(마이오세) 북평분지의 새로운 층서

토돈*Democricetodon*이라는 햄스터 종류의 이빨이고, 나머지 한 개는 가시겨울잠쥐에 속한 네오코메테스*Neocometes*라는 멸종된 설치류의 이빨이었다. 이 두 개의 이빨은 북평층의 지질연대가 후기 마이오세가 아닌 전기 마이오세에 속함을 지시한다. 따라서 이러한 포유류 이빨들에 의해 과거에는 굉장히 젊다고 생각했던 북평층의 나이가 훨씬 더 오래된 것으로 밝혀진 것이다.[36]

현재 척추고생물학자들이 관심을 가져야 할 분야가 하

나 더 있다. 제4기(플라이스토세) 포유류 화석이다. 제4기에는 빙하시대 때 살았던 포유류 화석이 동굴이나 구석기 유적지에서 함께 발견되고 있다. 충북대학교 박물관에 가보면 우리나라에서 이 시대의 포유류 화석이 얼마나 많이 발견되는지 실감할 수 있다. 전시되어 있는 화석들 가운데는 코뿔소 화석도 있고, 동굴곰과 원숭이 화석도 있다. 이는 최근까지 우리나라에 그런 동물들이 살았다는 것을 의미한다. 하루빨리 이 화석들에 대한 심도 깊은 척추고생물학적 연구가 진행된다면 우리나라 빙하시대의 동물과 구석기 우리 조상들의 활동에 대한 보다 의미 있는 결과가 쏟아져 나오리라 믿는다.

우리나라에서는 고생대, 중생대, 신생대 모든 시대에 다양한 척추동물 화석이 발견된다(자료5). 척추고생물학이 우리나라에서 시작된 것은 아주 최근의 일이다. 현재 척추고생물학자의 수가 매우 적음에도 불구하고 이렇게 짧은 시간에 세계가 놀랄 정도로 다양하고 학술적 의미가 높은 화석들이 발견되었다는 사실은 매우 고무적이다. 앞으로 많은 새로운 척추고생물학자들에 의해 우리나라의 척추고생물학이 커다란 발전을 이루리라는 것은 명약관화하다.

Q 묻고

A 답하기

우리나라에서 아주 많은 공룡 발자국
과 공룡알이 발견되었음에도 그에 비
해 완전한 공룡 화석이 많이 남아 있지
않은 이유는 왜일까?

모든 생물이 다 화석이 되는 것은 아니다. 화석이
되기 위해서는 사후 최대한 빨리 퇴적물에 묻혀야
한다는 조건이 필요하다. 그렇게 되기에 좋은 환
경은 대부분 강가다. 물에 의해 실려 온 퇴적물이
사체를 덮을 수 있기 때문이다. 홍수 때 제방이 터
지면 범람원 지역에 물이 차게 되고 그 지역에 죽

어 있던 사체가 퇴적물로 뒤덮여 화석이 되는 것이다. 그렇지 않고 외부에 노출되어 있으면 사체는 포식자에 의해 분리되거나 분해되어 온전하게 남지 못하고, 또한 오랜 기간 노출된 뼈들은 깨져 조각이 나거나 다른 동물들에 의해 밟혀 부서져 분해된다. 물의 영향이 없는 완전히 메마른 땅과 같은 환경에서는 화석이 만들어지기 어렵다. 하지만 큰 비나 홍수에 의해 사체가 씻겨 내려가 낮은 곳에 묻히면 화석이 될 가능성이 높다. 유감스럽게도 우리나라 중생대층인 경상누층군은 3,000미터 이상 되는 두꺼운 퇴적층으로 구성되어 있음에도 불구하고 그중에 강이나 하천 등에 쌓인 퇴적층은 매우 제한적이다. 다행스럽게도 하부 백악기의 '하산동층'이라고 하는 지층은 이러한 환경에서 만들어진 퇴적층이어서 다른 지층보다 훨씬 더 많은 뼈 화석이 발견되고 있다.

특히 우리나라는 발자국 화석이 매우 많이 발견되는데 이러한 흔적화석이 발견되는 지층은 대부분 호숫가 퇴적층이다. 호숫가에는 발자국이 남을 확률은 매우 높지만 생물의 사체가 묻힐 확률은 매우 적다. 다만 호수로 들어오는 강이 있을 경우 강 하구는 동물의 사체가 묻힐 수 있는 환경이다. 발자국 화석의 메카인 경남 고성군의 진동층과 진주시의 진주층에서는 도로공사나 산업단지 공사장 곳곳에서 발자국 화석이 발견되어 이들을 보존 처리하느라 지자체가 골머리를 앓을 정도다. 하지만 이러한 지층에서 뼈 화석은 단 한 개도 발견되지 않고 있다. 이것은 발자국이 만들어지는 환경과 뼈가 묻히는 환경이 다르다는 것을 의미한다.

공룡알이 묻히는 환경은 퇴적물의 종류와 연관이 많다. 왜냐하면 공룡알도 그 속에 살아 있는 태아가 숨을 쉬어야 하기 때문이다. 공룡은 땅바닥에 흙을 파고 둥지를 만들어 그 속에 알을 낳기 때문에 알껍데기에는 숨구멍이 많이 발달해 있다. 그래서 공룡들이 선호하는 퇴적 환경은 가능한 물의 영향을 덜 받는 지역이어야 한다. 질퍽한 진흙 속의 알은 숨을 쉴 수가 없기 때문에 대신 부드러운 고운 모래로 이루어져 있어서 둥지를 파기에 좋은 환경을 찾는다. 그런 곳은 대부분 강가의 높은 제방 주변이나 상류 지역의 시냇가 근처에 흔히 발달하는 모래톱 환경이다. 우리나라의 공룡 알 대표 화석지인 화성시 고정리 화석지나 전북 부안군 위도의 화석지가 과거 이러한 환경에서 만들어진 곳이다.

OECD 국가 중 자연사박물관이 없는 나라는 우리나라뿐이다. 왜 우리나라에는 자연사박물관이 없을까?

자연사박물관은 의도적으로 만드는 것이 아니라 자연스럽게 만들어지는 것이다. 선진국의 경우 자연과학이 발달하면서 자연에 대한 관심과 투자가 많았고, 또한 눈에 보이는 커다란 화석들이 흔히 발견되어왔다. 이러한 화석들을 수집하고 보존하며 연구한 후 일반인들에게 전시하는 기관이 자연스럽게 만들어지게 된다. 따라서 이러한 나라들의 자연사박물관은 유구한 역사를 가질 수밖에 없다. 1793년에 창립한 프랑스 국립자연사박물관, 1869년에 개관한 미국 자연사박물관, 1881년에 개관한 런던 자연사박물관, 1910년에 개관한 스미스소니언 국립자연사박물관 등 세계를 대표하는 자연사박물관들은 모두 그 당시 만들어질 수밖에 없는 환경이 조성되어 있었기에 존재하게 된 것이다.

반면 우리나라는 과거부터 사학과 관련한 인류 유산에 대한 관심과 지원이 매우 컸고 지금도 그렇다. 그래서 국립박물관을 포함해 전국의 역사 관련 박물관들은 굉장히 많다. 이와 반대로 우리나라는 과거부터 자연유산에 대해 크게 관심을 두지 않았고 이를 소중히 여기지도 않은 듯하다. 우리나라의 귀중한 동식물은 천연기념물로 지정해 보호하는 중이고, 요즈음 화석과 관련해 문화재청이 천연기념물로 지정하는 노력을 계속하고 있지만 늦은 감이 없지 않다.

김영삼 정부 때 학계의 청원으로 국립자연사박물관 건립 프로젝트가 시작되었지만 아직 첫 삽도 못 뜨고 있다. 그 이유는 우리가 그동안 수집한 우리나라 자연사 표본이 매우 적기 때문이다. 우리나라 자연사를 보여주는 국립자연사박물관에 외국 표본을 전시할 수는 없지 않은가? 과거부터 자연사 표본을 귀중히 여기고 꾸준히 수집하는 노력을 해왔더라면 자연사박물관 건립에 아무 문제가 없었을 것이다. 현재 예산이 없어 자연사박물관을 만들지 못하는 것이 아니라 박물관에 전시할 표본이 없어 박물관을 못 만들고 있다는 표현이 정확할 것이다.

또한 우리나라에는 대형 화석이 발견되지 않는 줄 알았고 이를 연구하는 학자도 거의 없었다. 최근 들어 척추고생물학의 중요성이 부각되면서 우리나라 표본을 확보하려는 노력이 적극 진행되고 있지만, 대학의 지질학과에서는 고생물학자들이 거의 사라져버린 지 오래다. 고전적인 현생 생물의 연구자들 역시 빠르게 사라지고 있다. 대학과 여러 연구기관의 전통 생물학자들의 자리는 이제 모두 유전학자들이 채우고 있다. 앞으로 표본 확보도 문제지만 자연사박물관에서 연구를 수행할 연구원들의 인력 수급이 더 문제다. OECD 국가 중 국립자연사박물관이 없다는 것은 창피한 일이지만 이것은 우리가 자초한 결과라고 본다. 응용 과학과 기술을 선호하는 우리나라 과학계의 마인드가 변하지 않으면 앞으로 국립자연사박물관 건립은 더 많은 시간이 걸릴 것으로 판단된다. 우울한 현실이다.

3부_____

공룡, 발굴과 복원으로

다시 깨어나다

이 얼마나 멋진 일인가. 살아 있는 생물을 죽이는 것이 아니라 이미 멸종한 생물을 찾아 그 생물의 존재를 되살려내고, 그 생물이 생태계의 어떤 구성원이었는지를 되짚어내는 일이란 더할 나위 없이 흥미롭고 매력적이다.

잃어버린 세계를
찾아 떠나는 사람들

1부에서는 고생물학이 얼마나 재미있는 학문인지에 대해, 2부에서는 우리나라에 어느 정도의 화석이 있는지에 관해 알아보았다. 이제 3부에서는 어떻게 공룡 화석을 찾아내고 연구하는지에 대해 알아볼 텐데, 사실 공룡에 대해 이야기할 때 가장 흥미로운 부분이기도 하다. 나 역시 이 과정에서 생겨나는 끊임없는 흥미와 설렘 덕에 공룡 공부를 지속하고 있는지도 모른다.

공룡은 중생대에 살았던 육상동물이다. 중생대 때 우리나라를 포함해 전 세계 대륙 분포를 보면 지금과는 사뭇 다르다. 대서양이 지금처럼 크게 벌어져 있지 않았다. 백악기

지도에서 보면 커다란 서부내륙해^{Western Interior Seaway}라는 큰 바다가 북미대륙을 서쪽과 동쪽으로 나누고 있었다(자료 6). 이 시기에 로키산맥 동쪽 지역들, 즉 텍사스, 콜로라도, 유타, 와이오밍, 몬태나, 다코타, 앨버타주에 수많은 강들이 발달해 아주 많은 퇴적물이 쌓이게 되었는데, 오늘날 그 지역에서 많은 공룡 화석이 발견되고 있다. 아시아 지역에서 가장 많은 공룡 화석이 발견되는 곳은 중국과 몽골이며, 남미에서 공룡 화석이 가장 많이 발견되는 곳은 아르헨티나다. 그 당시 유럽은 해수면이 높아 유럽 대륙이 작은 섬들로 나뉘어 있어 공룡 화석의 산출이 높지 않다. 그 대신 바다에서 살던 수장룡, 모사사우루스 같은 해양 파충류 화석들이 잘 발견된다.

　육상동물인 공룡은 하나의 대륙에 머물러 있지 않고 시대가 지나면서 점차 서식지를 넓히며 이동했다. 아시아에 사는 공룡들이 베링해를 건너 북미로 넘어가기도 하고, 북미에 사는 공룡의 일부가 아시아로 넘어오기도 했다. 흥미롭게도 상당히 많은 북미 공룡의 조상은 아시아에서 기원해 백악기에 북미로 넘어갔다. 6,600만 년 전에 살았던 티라노사우루스는 대표적인 북미 공룡이지만 이들의 조상은 아시아에 있었다. 몽골에서는 티라노사우루스와 가장 가까운 친척인 타르보사우루스 화석이 7,000만 년 전의 지층에서 발견되었다. 가장 오래된 아시아 티라노사우루스류인 구안롱^{Guanlong}은 중국의 후기 쥐라기 지층에서 처음 출현했다. 또한 북미대륙에는 트리케라톱스, 카스모사우루스처럼 다양한 형태의 뿔공룡이 많지만 이들의 가장 오래된 조상 역시 중국의 후기 쥐라기 지층에서 발견되었다.

중국과 몽골에 비해 지금까지 뼈 화석이 많이 발견되지 않은 우리나라의 공룡을 이해하기 위해서는 아시아 공룡, 더 나아가 북미, 남미 공룡들도 함께 연구해야 한다. 왜냐하면 공룡이 살던 시기에는 국경이 없었으므로 공룡들은 이동이 자유로웠다. 우리나라에서도 중국, 몽골 공룡이 발견될 것으로 기대하며, 우리나라 공룡들 또한 중국과 몽골에서 발견될 것이다. 우리나라에 어떤 공룡들이 살았고 그 공룡들이 중국, 몽골, 북미 공룡들과 어떤 관계가 있는지를 알기 위해서는 아시아는 물론 넓게는 북미 대륙과 아르헨티나의 공룡들까지도 함께 이해해야만 전체적인 공룡의 진화를 이해할 수 있다. 그러려면 우리나라 공룡에만 한정하지 말고 전 세계 공룡들에게로 시야를 넓혀야 한다.

공룡 화석을 찾기 위해서는 우선 공룡이 묻혀 있을 만한 곳이 어디인지 찾아보아야 한다. 공룡은 중생대에 살았던 육상동물이므로 탐사 지역은 중생대 육성 퇴적층이 분포하는 곳으로 한정해야 한다. 사실 화석이 발견될 수 없는 화성암이나 변성암을 제외하고 바다에서 쌓인 해성 퇴적층이 아니라면 공룡 화석이 발견될 가능성은 어디에든 있다. 물론 전문가에 의해 공룡 탐사가 이루어지지만 일반인에 의해 우연히 발견되는 공룡도 많다. 우리나라도 이러한 조건을 충족하는 지층들이 넓은 지역에 분포해 있지만 워낙 산과 숲이 많아서 지층이 드러난 곳이 해안가나 도로 공사장 등 매우 제한적이다. 또한 암석이 단단해 설령 암석 표면에서 뼈를 찾았더라도 중장비를 동원하지 않으면 발굴하기가 매우 어렵다.

  세계 주요 공룡 화석지는 대부분 황무지를 뜻하는 배드랜드badlands라는 지역에 분포한다. 배드랜드는 기후가 건조해 나무가 거의 없고 충분히 굳지 않은 지층들이 빗물에 침식되어 급사면과 거친 지표면을 나타내는 지형을 말하며, 대표적인 곳이 유네스코 세계자연유산으로 지정되어 있는 캐나다 앨버타주의 공룡주립공원Dinosaur Provincial Park과 미국 로키산맥 동쪽 지역, 아르헨티나의 파타고니아 지역, 그리고 몽골의 고비사막과 중국의 쓰촨성 지역 등이다. 사람도 거의 없고 풀과 나무도 없는 황무지 같은 곳은 풍화 침식이 빠르게 일어남으로써 지층이 계속 깎여나간다. 그러면 그 속에 묻혀 잠자고 있는 공룡 화석들이 깎여나간 지표에 새롭게 드러나기 때문에 이러한 곳은 화석을 찾는 데에 가장 안성맞춤이다. 특히 이 지역들은 우리나라와 다르게 중생대 암석이 그리 심하게 고화되어 있지 않아 발굴도 용이하다.

나의 주요 탐사 지역은 몽골 고비사막이다. 미국에서 박사학위를 마치고 귀국한 해인 1996년에 한국인으로서는 처음으로 몽골 고비사막에서의 공룡 탐사 기회를 갖게 되었다. 그 당시 중국, 몽골, 일본 3개국 공동으로 국제 공룡 탐사 프로젝트가 진행되고 있었는데 일본팀 책임자인 후쿠이현립공룡박물관 관장인 아즈마 박사가 초청을 한 것이다. 49일간 고비사막을 탐사하면서 왜 고비사막이 공룡 연구의 메카인지를 실감했다. 고비사막에는 광활한 배드랜드가 펼쳐져 있을 뿐만 아니라 다양한 공룡 화석들이 발견되고 있었다. 나는 나중에 꼭 다시 이곳을 찾아 공룡 탐사를 하리라 결심했다. 다른 나라의 일원이 아닌 우리나라가 주도하는 탐사 프로그램을 갖고서.

몽골이 공룡으로 유명한 이유는 1923년 미국 자연사박물관의 중앙아시아 탐사대The Central Asiatic Expeditions가 처음으로 공룡알을 찾았기 때문이다. 이들은 남고비사막 바양작Bayan Zag의 불타는 절벽Flaming cliffs이라는 유명한 화석지에서 오비랍토르Oviraptor, 프로토케라톱스 등의 공룡 화석과 세계 최초로 공룡알 둥지를 발견했다. 그런데 한 가지 흥미로운 사실은 이들이 처음 중앙아시아 탐사를 온 이유는 공룡을 찾기 위해서가 아니라 인류의 조상을 찾기 위해서였다. 그 당시 미국 자연사박물관의 고생물학자인 윌리엄 매튜William D. Matthew 박사가 "인류의 조상이 아시아에 있다"라고 주장했기 때문이다. 하지만 알다시피 그것은 사실이 아니다. 인류의 조상은 아시아가 아니고 아프리카에 있다. 매튜 박사에 크게 영향을 받은 박물학자 로이 채프먼 앤드루스Roy Chapman Andrews는 중앙아시아 탐사대를 구성해 중국 베이징을 거쳐 몽골로 향했다. 그는 150마리의 낙타에 캠핑 장비와 발굴 장비, 음식, 기름 등 수많은 짐을 싣고 탐사를 시작했다. 하

프로토케라톱스의 골격 화석

지만 혹독한 환경에서 대부분의 낙타들이 더 이상 버티지 못하고 죽었다.

그들은 1922년부터 1930년까지 탐사 프로젝트를 진행했지만 그곳에서 사람의 화석 대신 공룡과 포유류 화석을 발견하게 되었다. 이들은 프로토케라톱스를 보고 놀라지 않을 수 없었다. 프로토케라톱스가 크기가 작고 뿔만 없을 뿐 북미대륙의 트리케라톱스와 거의 비슷하게 생겼기 때문이다. 그렇게 해서 1923년 이들은 미국에서 발견된 공룡의 조상이 아시아에 있다는 엄청난 사실을 알아내 미국으로 돌아가게 된다. 이 발견은 곧 세계적 뉴스가 되었고 세계의 많은 학자들이 몽골 공룡에 대해 큰 관심을 갖게 되었다.

서너 번의 중단을 거쳐 1930년을 마지막으로 미국 자연사박물관의 중앙아시아 탐사는 끝이 났다. 왜냐하면 미국은 탐사를 계속하길 원했으나 그 당시 몽골에 강력한 지배력을 미치고 있던 (구)소련과 중국은 미국 자연사박물관의 탐사대를 상대로 미국의 스파이라는 올가미를 씌웠기 때문이다. 그래놓고 소련은 정작 1946년에서 1949년까지 소련과학아카데미의 유명한 고생물학자들을 몽골로 보내 공룡 탐사를 진행했다. 그들의 업적은 네메겟^{Nemegt}이라는 가장 유명한 공룡 화석지를 남서부 고비사막에서 찾아낸 것이며, 이곳에서 아시아의 가장 큰 육식 공룡 타르보사우루스를 발견한 것이다.

타르보사우루스는 몽골에서만 발견되는 공룡이며 우리나라와 중국은 물론 세계 어느 나라에서도 발견되지 않는다. 타르보사우루스가 발견되자 몽골은 세계에서 가장 유명한 화석지 중 한 곳으로 알려지게 되었다. 소련 탐사대는 아주 비과학적인 방법으로 탐사를 진행했다. 공룡뼈를 많이 발굴할 욕심에 '공룡의 무덤'이라는 알탄울라 지역에 대규모로 묻혀 있는 오리주둥이공룡 화석들을 불도저로 마구 파헤치며 공룡뼈 수집에 열을 올렸다. 이러한 식으로 발굴하면 공룡 화석에 대한 많은 정보가 유실된다. 당연히 오늘날 이렇게 무식한 방법으로 공룡을 발굴하는 전문가는 더 이상 없다. 그들은 많은 공룡 화석을 모스크바로 가져갔으나 유감스럽게도 그 화석들 대부분은 관리 소홀로 지금 거의 남아 있지 않다.

1960년대 후반에서 1970년대 초에 몽골의 공룡에 크게 관심을 가진 나라는 폴란드다. 폴란드는 유명한 과학자 퀴리 부인을 배출한 나라다. 그 전통을 잇듯 네 명의 걸출한 여성 고생물학자들이 있었다. 팀장이었던 조피아 키엘란-야보로브스카Zofia Kielan-Jaworowska는 폴란드 과학원 고생물학연구소 소장으로 '폴란드-몽골 탐사'를 이끌었다. 키엘란-야보로브스카 박사는 중생대 포유류 화석 전문가로 실제 고비사막에서 찾은 수많은 포유류 화석을 연구하면서 중생대 포유류 진화사의 뼈대를 만든 학자다. 포유류 화석뿐 아니라 나머지 세 명의 여성 고생물학자들은 아시아에서 처음 발견된 것으로 알려진 박치기공룡 프레노케팔레Prenocephale와 타조를 닮은 공룡 갈리미무스Gallimimus, 그리고 데이노케이루스*Deinocheirus*의 앞발 등도 찾아냈다.

이 탐사대를 세계적으로 유명하게 만들어준 또 하나의 발견은 '싸우는 공룡Fighting dinosaurs'이라고 이름 붙여진 화석 벨로키랍토르와 프로토케라톱스가 서로 싸우다가 죽은 실로 어마어마한 화석이다. 이들은 지금까지 진행된 고비사막의 국제 탐사 중 가장 훌륭한 발견을 했을 뿐 아니라 이 발견들은 모두 수준 높은 연구를 거쳐 폴란드 과학원 고생물학연구소의 논문집에 발표되었다. 이러한 논문들은 몽골 공룡 연구를 위해 반드시 참고해야 하는 자료임에 분명하다.

뼛조각으로 맞추는
과거의 퍼즐

7,000만 년 전의 시간 속으로

내가 1996년에 몽골 공룡 탐사를 다녀온 뒤 다시 공룡을 찾기 위해 몽골 고비사막으로 가게된 것은 딱 10년 만의 일이다. 1999년에 화성시 공룡알 화석지에서 대규모의 공룡알이 발견되어 2000년 거대한 남측 간척지가 천연기념물로 지정되자 화성시는 화석지의 활용 방안을 고민했다. 천연기념물 지역은 보존과 교육 목적 이외에 개발 행위가 제한되기 때문이다. 이곳 공룡알 화석지를 연구하던 나는 화성시에 공룡 박물관 건립을 제안했다. 그 당시 화성시는 화성 연쇄살인 사건, 씨랜드 사건으로 이미지가 좋지 않았고 특히 수도권 지역에 가장 큰 면적을 가진 지자체 중 한 곳이다 보니 수많은 공장들이 난립해 있는 데다 특별한 문화 시설이 없었기 때문이다.

공룡 발자국 화석이나 공룡 박물관을 보기 위해서는 경남 고성군이나 전남 해남군까지 먼 거리를 가야 하지만 서울과 가까운 곳에 우리나라 최대의 공룡알 화석지가 발견되었으니 이곳에 훌륭한 박물관을 만들어 배후 도시인 서울의 수많은 인구가 방문한다면 성공할 가능성이 높았다. 공룡 박물관을 건립하자는 아이디어에 화성시는 대찬성이었다. 하지만 공룡 박물관에 공룡알만 전시할 수는 없는 일이었다. 함께 전시할 다양한 공룡뼈 화석이 필요했다.

나는 박물관 전시를 위한 공룡 화석을 확보하기 위해 화성시에 몽골 고비사막의 공룡 탐사를 제안했다. 단순히 외국의 공룡 복제품을 수입해 전시하고 있는 기존 공룡 박물관과는 다르게 우리 연구진이 직접 공룡을 탐사하고 발굴해 새로운 공룡을 확보하고 연구를 거쳐 그 학술적 의미와 결과를 전시한다면 더 큰 의미가 있을 뿐 아니라 우리나라 공룡학의 발전에도 크게 기여할 것이라고 설득했다. 몽골은 오래전인 1922년부터 이미 여러 차례의 국제 공룡 탐사를 통해 세계적인 공룡 화석지로 검증받은 곳일 뿐 아니라,

1996년에는 내가 직접 탐사를 하며 그 가능성을 확신한 곳이기 때문에 실패할 확률이 거의 없다고 확신을 주었다.

화성시는 나의 야심찬 계획을 흔쾌히 받아들였다. 이 계획이 실현되는 데에 큰 역할을 한 화성시 공무원 박보현님께 특히 감사한다. 그렇게 해서 2006년부터 2011년까지 5년간 '한국-몽골 국제공룡탐사'가 진행되었고, 그 결과 큰 성공을 거두었다. 또한 이 프로젝트는 우리나라가 주관하는 최초의 국제 공룡 탐사로서 우리나라의 공룡 연구를 세계적 수준으로 한 단계 더 끌어올린 계기가 되었다는 데에 큰 의미가 있다고 본다.

이 국제공룡 탐사를 진행하기 위해 몽골 과학원의 고생물학센터와 연구 협약을 맺었다. 탐사는 매년 8월과 9월 사이 동고비와 남고비사막의 유명한 공룡 화석지에서 1개월간 진행하고, 발굴한 화석들은 몽골 정부의 허락을 받아 화성시로 운송해 화성시 공룡 실험실에서 화석 처리를 거쳐 연구를 진행했다. 탐사대는 매년 약 30여 명으로 구성되었다. 그중 반은 우리 연구진과 미국, 캐나다, 일본, 중국 등에서 온 공룡 전문가들이었고, 나머지 반은 운전사, 요리사, 필드매니저 등 몽골 사람들로 구성된 탐사 지원팀

한국-몽골 국제공룡탐사 루트

이었다.

몽골은 국토 면적이 아주 큰 나라로 무려 한반도의 일곱 배다. 왼쪽은 알타이 산맥 지역이고 남쪽과 남동부 쪽은 고비사막 지역인데, 몽골 수도인 울란바토르에서 공룡 화석이 묻혀 있는 남고비사막까지는 보통 2박 3일이 걸린다. 왜냐하면 거리는 약 1,200~1,500킬로미터 정도이지만 도로가 비포장인데다 소련 사람들이 남기고 간 오래된 군용 트럭을 이용하기 때문이다. 비포장도로를 달리다 보니 고장도 잦았다. 하지만 그나마 다행인 것은 전자 제어 장치로 움직이는 차들은 한번 고장이 나면 고치기가 어렵지만, 오래된 소련제 군용 트럭은 전자 장치가 전혀 없다 보니 고장이 났을 때 분해해서 조립하면 또다시 시동이 걸리곤 했다.

사륜구동 군용 트럭이라 힘은 좋지만, 연료를 어마어마하게 잡아먹어서 디젤 1리터를 넣으면 3킬로미터밖에 가지 못했다. 게다가 식량과 연료, 각종 발굴 도구, 석고 가루, 텐트 등 야외 탐사에 필요한 필수품 이외에 커다란 물탱크까지 싣고 가야 하니 빨리 달리기란 애초에 불가능하다. 가다 서다를 반복하며 우여곡절 끝에 3일을 달려야 드디어 목적지인 남고비사막에 도착한다. 광활한 초원을 한참 지나 동서를 가로지르는 큰 산맥을 통과하면 갑작스럽게 사막 환경이 나타나며 기온이 급격히 오른다. 특이하게도 그곳은 사하라처럼 모래사막이 아니라 암석사막이다.

고비사막은 중생대 후기 백악기인 약 7,000만 년 전에 쌓인 지층이 그대로 노출되어 있는 곳이다. 퇴적된 후 7,000만 년 동안 비바람에 깎여나가면서 형성된 계곡의 지층들이 속살을 드러내고 있는데, 붉은색과 회색 지층이 주로 노출되어 있다. 이 지층들은 7,000만 년 전 다양한 생물이 번성하는 아프리카의 오카방고처럼 강과 범람원, 모래사막, 호수 등에서 만들어진 것으로 그 당시 살았던 공룡들이 화석으로 묻혀 있다. 이러한 지층을 조사한다는 것은

2007년 남고비사막 휠멘자프에 설치한 베이스캠프

7,000만 년의 시간을 단숨에 거슬러 올라 그 당시 살아 숨쉬고 있던 생물에게 다가가는 것이다. 이제 우리는 이곳에 베이스캠프를 설치하고 40일 정도를 머물면서 7,000만 년 동안 잠자고 있던 공룡 화석을 깨울 것이다.

고비사막은 풀과 나무가 거의 없는 배드랜드이며, 유명한 공룡 화석지는 5~20킬로미터나 되는 깊은 계곡들이 발달한 곳이다. 7,000만 년 동안 쉼 없이 지층이 깎여나가면서 만들어진 대협곡이다. 탐사는 여름 한더위를 피해 주로 8~9월에 진행하는데 이때도 더운 날은 기온이 최대 40도까지 올라간다. 아시다시피 고비사막은 봄의 불청객인 황

대협곡이 발달한 알탄울라 지역

사의 발원지다. 봄에는 모래폭풍이 빈번하게 일어나 탐사가 거의 불가능하다. 여름은 너무 더워 야외 활동하기가 불가능하며, 10월이 되면 벌써 서리가 내리고 기온이 갑자기 떨어져 눈이 오기도 한다. 겨울에는 영하 35도까지 떨어진다. 따라서 그나마 탐사가 가능한 시기는 8~9월이다. 햇살을 가려주는 나무나 건물이 없는 사막이다 보니 우리는 그 뜨거운 태양을 온몸으로 고스란히 받아야 한다.

해발 약 1,500미터 정도 되는 이곳에서 2~300미터 높이의 산 계곡을 오르내리며 깎인 지층 표면에 드러난 공룡 화석을 찾아 돌아다니는 것이 우리가 매일 하는 일이다. 이렇게 악조건인 곳에 웬만한 사람들은 돈을 주고 가라고 해도 안 가겠지만 스스로 좋아서 선택한 공룡학자들에게 이곳은 파라다이스나 다름없다. 공룡 화석도 많이 묻혀 있어 쉽게 찾을 수 있고, 땅도 잘 파져 비교적 발굴 작업도 수월해 공룡 화석지로서 최적의 조건을 갖춘 곳이기 때문이다.

몽골에서 보낸 40일간의 기록

야외 탐사에서의 하루 일정은 단순하다. 텐트에서 잠을 자고 해가 뜨면 일어난다. 해가 뜨면 기온이 급격히 올라가 텐트 속에 더 머무를 수도 없다. 물을 아껴가며 양치질과 고양이 세수를 하고 간단하게 아침을 먹는다. 점심용 샌드위치를 배낭에 챙겨 넣고 하루 종일 화석을 찾아 돌아다닌다. 공룡 탐사의 궁극적인 목표는 학술적 가치가 높고 보존이 좋은 화석을 찾아 최대한 많이 발굴해 실험실로 안전하게 가져오는 것이다.

발굴할 만한 화석을 찾으면 팀을 탐사팀과 발굴팀으로 나눈다. 발굴은 화석의 크기와 양에 따라 며칠이 걸리기도 한다. 발굴팀이 발굴하는 동안에 탐사팀은 계속해서 새로운 화석을 찾아 돌아다닌다. 공룡 화석을 찾을 때 일반인들은 영화 〈쥬라기 공원〉에서처럼 첨단 기계와 장비를 사용해 땅속을 들여다보는 줄 알지만 영화는 영화일 뿐이다. 그렇게 큰 기계를 가지고 다닐 수도 없거니와 평지도 아닌 계곡에 첨단 장치가 탑재된 차량이 오르내릴 수는 없는 일이다. 공룡 탐사가 이루어진 지 150년이 지났지만 공룡 탐사는 여전히 발품에 의존해 원시적인 방법으로 화석을 찾을 수밖에 없다.

화석을 잘 찾으려면 좋은 눈이 있어야 하고, 하루 종일 돌아다녀야 하니 강한 체력도 뒷받침되어야 하며, 묵묵한 인내심도 필요하다. 게다가 환경적으로 먼지도 많고 위험하기까지 하니 그렇게 따지면 사실 이 분야는 거의 3D 직업에 가깝다. 우리가 공룡뼈를 찾기 위해 돌아다니면서 보는 것은 대부분 지층의 단면들이다. 모든 공룡뼈가 지표면에 온전히 드러나 있는 경우는 없다고 보면 된다. 우리는 지층의 수직 단면에 뼈의 일부분이 드러나 있는 곳을 찾고 싶어 한다. 왜냐하면 지층면을 더 드러내면 안 보였던 지층 속에 지표에 드러난 뼈와 연결된 더 많은 뼈를 발견할 수도 있기 때문이다. 이 경우는 풍화되어 지표에 굴러다니던 뼈들이 아니라 죽었던 장소에 그대로 묻혀 있던 뼈들이라 더

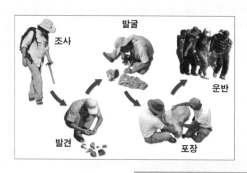

조사 발굴 운반

발견 포장

ⓒ이항재, 이융남

화석 탐사 과정(위)과 힐멘자프 산 중턱에서의 타르보사우루스 턱뼈 발굴 모습(아래)

온전한 골격을 찾아낼 확률이 높아진다. 하지만 이러한 경우에도 제대로 된 골격이 묻혀 있는 경우는 매우 적고 발굴에 실패할 확률은 매우 높다.

예를 들면 2008년 힐멘자프라는 지역의 산사면 높은 곳에서 뼈가 일부 노출되어 발견되었다. 가파른 산 중턱에서 하는 발굴 작업은 엄청난 위험을 감수해야 한다. 당연히 중심을 잃고 떨어지면 크게 다치거나 심지어 사망에 이를 수도 있다. 퇴적암은 시루떡처럼 차곡차곡 쌓여 있으며, 한 겹의 지층은 같은 시간을 의미한다. 그래서 뼈가 위아래의 지층을 가로질러 박혀 있을 수 없다. 드러난 뼈의 나머지 부분은 같은 지층면에 묻혀 있을 것이다. 드러난 뼈를 포함해 지층 속에 드러나지 않은 모든 뼈들을 발굴하려면 뼈가 박혀 있는 위의 지층들을 모두 걷어내야 하고 그러기 위해서는 엄청난 양의 흙을 파내야 한다. 뼈를 덮고 있는 위의 모든 지층들을 걷어내는 작업은 지층의 두께가 클수록 더 힘들고 오랜 시간이 걸린다. 절벽에서 이러한 작업을 해내기란 쉬운 일이 아니다. 그럼에도 불구하고 이곳에서 우리는 처음 드러난 타르보사우루스의 아래턱뼈 이외에도 몇 개의 목뼈를 발굴해냈다.

동고비사막에서 발굴 중인 목긴공룡 전체 화석과 등척추

비교적 위험하지 않은 평지에서 공룡뼈가 발견되더라도 발굴은 그리 녹록치 않다. 용각류 공룡(목긴공룡)은 대부분 매우 크다. 2007년 동고비사막에서 찾은 목긴공룡은 대퇴골 하나의 크기가 1.5미터이며 척추뼈 한 개의 높이도

60센티미터가 넘는다. 옆의 사진을 보면 어느 정도 예상이 될 것이다. 대부분의 공룡뼈들은 죽었을 당시의 원래 위치에 고스란히 묻혀 있지 않고 지표에 노출되어 있는 동안 물이나 사체를 훼손하는 동물에 의해 이동되어 대부분 서로 뒤섞여 있는 경우가 많다. 이렇듯 뼈들이 한 덩어리로 크게 뭉쳐 있을 때는 덩어리 전체를 한 개의 석고재킷(뼈를 포함한 암석 운반을 위해 일종의 석고붕대로 완전히 뒤집어씌운 블록)을 만들어 차에 옮겨 실을 수가 없다. 하는 수 없이 차에 실을 수 있을 정도의 크기로 나누어야 한다.

이럴 경우 연결된 뼈를 자르기도 하는데 자르는 부분은 구조가 가장 단순한 늑골 부위를 선택한다. 특히 몽골의 어떤 지층은 백사장의 모래처럼 아주 부드러워 뼈를 잘 감싸고 있지 않다. 이때는 뼈를 추려내기는 쉽지만, 운반 도중 석고재킷 속에서 뼈들이 쉽게 움직여 뼈가 훼손되는 경우가 많다. 너무 부드러운 암석은 역설적으로 뼈를 보존하는데에 도움이 되지 않는다. 반면 단단한 지층 속에 들어 있는 뼈는 암석을 떼어내기 힘들지만, 암석 속의 뼈는 안전하게 보존된다. 커다란 공룡을 발굴하는 데에는 많은 시간이 소요된다. 사람의 등척추에 비해 몇 배나 더 크고 구조도

1. 표시　　　2. 지질정보 수집
3. 도면작업　　　4. 석고붕대 감기

발굴 과정에서 화석과 지질 정보를 획득하고 석고재킷을 만드는 과정

복잡한 공룡의 척추뼈를 수십 개 발굴하려면 수일이 걸리기도 한다. 탐사에서 발굴까지의 과정은 야외 탐사 기간 중 무한 반복해야 하는 아주 고된 노동이다.

공룡을 발굴해 실험실로 옮기기 전 현장에서 해야 할 일이 있다. 첫 번째 할 일은 전체 드러난 뼈의 분포도를 완성하는 것이다. 야외 노트에 간단한 스케치로 각 뼈의 위치와 형태를 그려 넣고, 더 정확한 위치 기록을 위해서는 드론을

5. 아래 파기

6. 뒤집기

7. 끌어내기

8. 완성된 석고재킷들

이용해 항공사진을 찍는다. 두 번째, 현 위치에서 각각의 뼈를 분리하기 전에 어느 부분인지를 뼈에 표시한다. 세 번째, 뼈가 묻혔던 지층도 함께 조사한다. 이 공룡이 어떻게 죽어 현 장소에 묻혔는지에 대한 정보는 뼈에 있는 게 아니라 그 뼈가 묻혀 있는 지층에 있기 때문이다. 그래서 이 지층이 강가에서 쌓인 것인지, 아니면 범람해서 쌓인 것인지, 모래폭풍에 의해 쌓인 것인지에 대한 정보를 수집해야 한다. 또한 지층 속에 뼈와 함께 발견되는 다른 화석들이 있는지 살피고 특이한 점은 없는지도 조사한다. 이것은 CSI가 살인 현장에서 범인을 찾기 위해 조그만 실마리라도 찾으려고 노력하는 이유와 같다.

네 번째, 모든 정보 수집이 끝나면 석고재킷을 만든다. 석고재킷을 만드는 이유는 우리가 팔이 부러지면 정형외과에 가서 깁스를 하는 것과 같다. 뼈를 단단히 감싸지 않으면 운반 도중에 암석 속의 뼈가 흔들리면서 뼈끼리 서로 부딪쳐 으스러질 수 있기 때문이다. 이를 미연에 방지하기 위해 뼈를 감싸고 있는 암석과 함께 석고붕대를 이용해 깁스하듯이 하나의 덩어리로 만들어주는 것이다. 작은 재킷을 만들 때는 실제 정형외과에서 사용하는 석고붕대를 사용하기도 하지만 큰 재킷을 만들 때는 거친 평직의 황마나 대마로 만든 마대자루를 잘라 붕대 역할을 대신하게 하고 석고를 개어 크게 재킷을 만든다. 때로는 재킷의 강도를 높이기 위해 겉에 나무판자를 덧붙여 만들기도 한다. 석고재킷 덩어리 하나가 보통은 50킬로그램 정도 되고 어떤 경우에는 100킬로그램 이상 되는 것도 있다. 이러한 재킷을 한 탐사 기간에 50~60개 정도 만드는데 이 또한 무한 반복되는 고된 노동이다. 마지막으로 모든 재킷을 트럭에 실으면 실험실로 옮길 준비는 끝난다. 하지만 큰 재킷을 트럭에 싣는 일 또한 만만치 않다. 무게가 꽤 나가기 때문에 차량 견인 와이어로 석고재킷을 구덩이에서 끌어낸 후 모두 힘을 합쳐 트럭에 싣는다.

캠프 생활의 일상 그리고 다른 세계

고비사막은 풀이 없어 유목민도 거의 살지 않는 오지이다 보니 문명의 이기와는 동떨어진 야생의 세계다. 당연히 휴대폰은 터지지 않는다. 그렇기 때문에 식량과 텐트, 휘발유 등 자급자족을 위한 모든 것을 준비해가야 한다. 사막에서 필수적인 것은 무엇보다도 물이다. 30여 명이 40일 동안 사용할 물을 가져가야 하는데, 그 많은 양을 한 번에 다 준비해갈 수는 없다. 또한 수백 개의 마실 물병을 실어야 하기 때문에 트럭의 공간은 항상 부족하다. 당연히 언제나 물은 최대한 아껴 쓰는 수밖에 없다. 양치와 간단한 세수 정도만 할 수 있고 샤워는 할 수 없다. 야외에서 매일 땀을 흘리는데 40일 동안 샤워를 할 수 없다니….

식사 또한 감수해야 하는 게 많다. 냉장고를 가져가긴

해도 큰 용량이 아니기 때문에 가져갈 수 있는 식재료가 제한적이다. 탐사가 시작되고 한 열흘 정도는 신선한 감자나 빵, 달걀을 먹을 수 있지만 그 이후부터 이러한 음식은 구경하기 힘들어진다. 그때부터는 몽골 사람들의 주 음식인 염소고기나 양고기를 먹어야 한다. 우리나라에서 먹는 양고기는 양념을 잘해 냄새도 안 나고 맛있지만 거기서 먹는 양고기는 아무 양념 없이 그냥 삶은 것이어서 누린내가 많이 난다. 먹는 것 못지않게 배설도 어려움이 많다. 당연히 공중화장실은 없다. 구덩이를 파서 화장실을 만들긴 하지만 사용하는 사람은 거의 없다.

사막이라서 생명체가 많지는 않지만 그럼에도 불구하고 아주 다양한 야생생물들을 관찰할 수 있다. 차로 이동 중 몽골 야생말들이 떼로 몇백 마리씩 지나가는 것을 보기도 하고, 간혹 몽골 가젤도 마주친다. 계곡을 걷다가 나를 보고 깜짝 놀란 사막여우가 재빨리 도망치는 모습도 본다. 아주 예쁘게 생긴 야생 고슴도치도 있는데 이들은 야행성이라서 밤에 우리가 모여 있는 공용 텐트로 기어들어오기도 한다. 설치류의 한 종류인 마멋도 있다. 크기가 토끼만 하며, 몽골 사람들은 이 마멋을 사냥해 잡아먹는다. 그런데 최근 이 마멋이 흑사병을 옮기는 동물로 판명되어 몽골 정부에서 사냥을 금지시키기도 했다.

수박씨 크기만한 진드기도 가끔 보인다. 주로 유목민들이 사는 곳에서 발견되는데 그들이 기르는 가축에 들러붙어 피를 빨아먹고 산다. 간혹 바지에 붙어 있는 걸 발견하고 깜짝 놀랄 때도 있다. 사막에는 풍뎅이를 먹고사는 작은 도마뱀이 많고 뱀들도 간혹 보인다. 사막에 사는 뱀들은 독사인 경우가 많아 조심해야 한다. 전갈도 있는데 다행히 치명적인 독을 가지고 있지는 않다. 야외에서 열두 마리의 새끼를 등에 업고 있는 전갈을 만난 적도 있다. 특히 비가 오거나 기온이 떨어진 날 아침에 텐트 아래에서 전갈이 기어 나오는 경우도 있다. 또 발냄새 때문에 등산화를 텐트 밖에 두고 자는 경우가 있는데 이는 절대 해서는 안 되는 행동이다. 등산화 안이 따뜻하기 때문에 밤새 전갈이 그 안에 들어가 있는 경우가 많다. 그러면 아침에 일어나 아무 생각 없이 등산화를 신다가 전갈한테 물리기 십상이다.

공룡이 몽골이라는 나라를 대표하는 중요한 존재이긴 하지만, 대부분의 사람들에게 몽골 하면 떠오르는 것은 칭기즈칸과 광활한 초원 정도일 것이다. 우리나라에는 없는 아름다운 자연이 몽골에는 아주 많다. 몽골 북서쪽의 알타이 산맥을 제외하더라도 대부분의 국토가 해발 1,500~2,000미터가 넘는 고산지대이기 때문에 야영을 하다 보면 신기하게도 손으로 잡을 수 있을 것처럼 구름이 낮게 떠있는 걸 보게 된다. 게다가 유목민 외에는 아무것도 없는 드넓은 초원과 사막 지역은 공기가 아주 쨍하게 맑아 사진을 찍으러 오는 사람들도 많다. 웬만하면 찍는 사진마다 예술작품이다. 특히 밤하늘은 맨눈으로도 뿌연 은하수가 보이고, 10초에 한 번씩 별똥별이 떨어지는 것을 볼 수 있다. 심지어 인공위성이 밤하늘을 가로질러 지나가는 것도 맨눈으로 볼 수 있다. 최근 별을 관찰하기 위해 우리나라 사람들이 몽골 여행을 많이 한다고 들었다.

새롭게 복원된 데이노케이루스

5년간 몽골에서 탐사를 하면서 참 많은 화석을 찾았고, 이것들을 모두 한국으로 가져왔다. 석고재킷만 267개이고 박스가 125개였다. 발굴한 주요 화석들은 타르보사우루스, 데이노케이루스, 오비랍토르류(신종), 알바레즈사우루스류(신종), 할스카랍토르류(신종), 오르니토미무스류(신종으로 추정), 용각류(신종으로 추정), 바가케라톱스, 갑옷공룡 머리뼈 네 개(신종 포함)와 거의 완전한 골격, 공룡알(태아 화석 포함), 그리고 거북과 악어, 도마뱀 화석들이다. 이 프로젝트를 지원한 화성시에서 수장고와 화석 처리 시설을 만들어주었고, 탐사 프로젝트가 끝나고 3년간 그곳에서 화석 처리를 진행했다. 그렇게 해서 추려낸 화석들은 필요시 복제품을 만들 수 있게 3D로 스캔 작업을 거쳤으며 연구에 필요한 정보들을 모두 획득했다. 한국-몽골 국제공룡탐사 협약이 모두 끝남에 따라 2016년 우리가 발굴해 가져온 모든 화석들은 다시 몽골로 반환되었다.

이 프로젝트에서의 최대 성과는 두말할 필요 없이 데이노케이루스 미리피쿠스*Deinocheirus mirificus*의 전체 화석을 찾은 것이다. 이 공룡은 1965년에 폴란드 탐사대가 알탄울 지역에서 길이가 2.4미터나 되는 거대한 앞발 화석만 찾았고, 1970년에 할스카 오스몰스카*Halszka Osmólska* 박사가 연구해 붙인 이름이다. '거대한 손'이라는 학명에서도 알 수 있듯이 그 당시에는 몸체와 머리는 발견되지 않아 이 공룡의 전체적인 형태를 전혀 알지 못했다. 반세기 동안 미스터리 공룡으로 남아 있던 데이노케이루스는 2009년 우리 팀이 부긴자프 지역에서 데이노케이루스의 새로운 몸뼈 화석을 찾아내면서 그 윤곽이 뚜렷해졌다.

새로운 화석을 조사하면서 이전에 알지 못했던 데이노케이루스 대퇴골의 특징을 알게 되었고, 똑같은 특징을 가진 공룡이 2006년 이미 우리가 발굴한 공룡 중에 있다는 것을 알아냈다. 결국 큰 개체와 작은 개체, 이렇게 두 개체를 찾은 것이었는데 유감스럽게도 모두 머리뼈는 없는 상태였다. 두 화석이 발견된 곳은 이미 도굴꾼들이 파헤쳐놓은 장소였으며 이들이 머리뼈를 가져갔을 가능성이 매우 높았다. 그럼에도 불구하고 두 개체의 특징을 조합하자 아무도 예상하지 못한 아주 특이한 형태의 공룡이 복원되었다.

데이노케이루스는 앞발 크기만으로 티라노사우루스보다 더 큰 거대한 육식 공룡일 것이라고 추정한 사람도 있었는데 사실 전체 크기는 티라노사우루스만 했지만 몸집에 비해 앞발만 큰 것이 확인되었다. 옆의 복원도를 보면 알 수 있듯이 특히 등의 모양이 낙타처럼 높게 솟은 이상한 모습이었다. 논문을 작성하던 중 유럽에서 도굴되어 밀반출된 머리뼈가 존재한다는 사실을 알게 되었고, 2014년 소유자는 마침내 큰 개체의 머리뼈를 몽골로 반환했다. 그

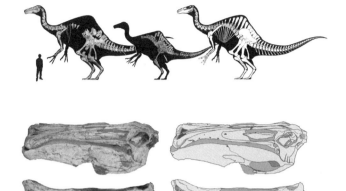

©Lee et al., 2014

두 개체를 조합해 복원한 데이노케이루스(위), **그리고 머리뼈 화석과 복원도**(아래)

리하여 머리뼈까지 포함됨으로써《네이처》에 실린 나의
논문에 데이노케이루스의 완전한 형태가 밝혀지게 되었
다.[37]

　1970년 데이노케이루스가 세상에 알려졌을 때 그 당시
대부분의 학자들은 아마도 티라노사우루스보다 훨씬 더
큰 육식 공룡일 수 있다고 추정했다. 하지만 이러한 예상은

보기 좋게 빗나갔다. 발견된 머리뼈를 보면 전혀 육식 공룡의 형태가 아니다. 육식 공룡의 가장 큰 특징인 날카로운 이빨이 전혀 없고 아래턱도 굉장히 두꺼우며 오리처럼 주둥이도 넓적했기 때문이다. 전체적인 형태는 이빨 없는 오리주둥이공룡을 닮았다.

원래 수각류 공룡들은 대부분 육식 공룡에 속한다. 티라노사우루스와 벨로키랍토르와 같은 공룡이다. 데이노케이루스는 총 568개의 수각류 공룡 골격 특징과 비교한 결과 실제로는 타조공룡Ornithomimosauria에 속한다는 것을 알게 되었다. 타조공룡은 갈리미무스처럼 전체적인 형태가 머리는 작고 몸집이 크고 뒷다리가 잘 발달되어 마치 타조와 비슷하다고 해서 이름 붙여진 수각류 공룡이다. 진화한 타조공룡은 이빨이 없고 앞발도 길다. 이러한 특징은 데이노케이루스의 소속이 어디인지를 암시한다.

대표적인 타조공룡은 몽골에서 발견된 갈리미무스로 모든 공룡 중 가장 빠르게 달리던 공룡이며 시속 56킬로미터 정도의 속도를 낼 수 있었던 것으로 추정한다. 영화 〈쥬라기 공원〉에서 갈리미무스 무리를 쫓는 티라노사우루스가 이 중 한 마리를 공격해 그랜트 박사와 머피 아이들 일행 앞에서 잡아먹는 장면을 떠올리면 쉽게 이해가 될 것이다.

데이노케이루스는 발의 모양도 아주 특이하다. 수각류 공룡들은 발톱 끝과 손톱 끝이 뾰족한데 데이노케이루스의 발톱 끝은 잘린 것처럼 뭉툭하다. 그리고 앞발의 발톱도 크기만 하지 매우 날카롭지는 않다. 이러한 형태는 데이노케이루스가 물가에 살며 긴 팔을 이용해 연한 수생식물을 먹고 살았고 뭉툭한 발끝은 질퍽한 물가의 바닥에 쉽게 빠지지 않게 했을 것이라는 해석을 하게 했다. 이러한 해석은 데이노케이루스 뱃속에서 함께 발견된 1,000개 이상의 위석(위석이 있다는 것은 초식성을 지시한다)과 위산에 의해 표면이 부식된 물고기뼈들이 함께 발견되어 더욱 지지를 받게 되었다. 결론적으로 데이노케이루스의 정체는 모든 사람의 상상을 뛰어넘는 실로 독특한 공룡이었다. 과거 타조공룡이라고 하면 날렵한 타조처럼 생긴 갈리미무스 같은 공룡만을 생각했지만 실제로는 데이노케이루스처럼 길이가 11미터에 몸무게가 6톤이나 되는 거대한 타조공룡 그룹도 있었다는 사실이 밝혀지게 된 것이다.

데이노케이루스에 대한 나의 논문이 발표되자 전 세계 뉴스에서 대서특필했다. 세계척추고생물학회에서 매년 실시하는 '올해의 발견'에 선정되어 각국의 많은 학자로부터 축하를 받기도 했다. 데이노케이루스의 정체가 완전히 밝혀지자 자기 꿈이 사라졌다고 말하는 공룡학자도 있었고, 데이노케이루스보다 더 이상하게 생긴 공룡은 더 이상 없을 것이라고 말하는 학자도 있었다. 이 연구 결과로 나는 2014년 과학기자협회에서 선정한 '올해의 과학자상', 2015년 '대한민국학술원상 기초부문'을 수상했다. 공룡학의 불모지였던 우리나라가 세계 공룡학회의 난제를 해결했다는 것에 대한 보상이었을 것이다. 나는 아직도 매년 몽골 탐사를 간다. 왜냐하면 그곳에서 데이노케이루스 같은 어마어마한 공룡이 누군가 자신을 찾아주기를 기다리고 있을 것이기 때문이다.

공룡에게는 국경이 없다

알래스카 디날리국립공원 탐사

알래스카 산맥 중앙부에 있는 디날리^{Denali}산은 높이가 해발 6,190미터로 북아메리카 대륙에서 가장 높은 산이다. 이전에는 미국의 대통령이었던 매킨리의 이름을 따 매킨리산으로 불렸으나 오바마 정권 당시 원주민들이 부르던 원래의 이름으로 되돌려놓으라는 지시에 따라 다시 디날리산으로 명명되었다. 이곳은 몽골과는 탐사 환경이 완전히 다르다.

사막 지역인 몽골은 배드랜드에서 탐사를 하지만 알래스카는 배드랜드가 아닌 툰드라 지형이고 또한 어마어마하게 높은 산맥이 즐비하며 숲도 많아 낮은 지대에서는 암석을 볼 수 있는 곳이 거의 없다. 백악기 지층을 보기 위해서는 산꼭대기로 올라가는 수밖에 없다. 하지만 대부분의 산맥이 2,000미터가 넘다 보니 걸어서 올라갈 수는 없고 헬기를 타고 올라가야 한다. 작은 헬기에 짐을 싣고 산 정상 가까이 가면 수목 한계선이 나타나고 나무가 없는 평지를 찾아 착륙한 후 이곳에 텐트를 치고 탐사를 하게 된다. 탐사는 수목 한계선 위부터 산꼭대기까지 이어지는데 하부는 원래 위치에서 떨어져 산 아래로 굴러 떨어진 암석들이 존재하는 반면, 제 위치에 있는 지층을 보기 위해서는 산 정상으로 올라가야 한다.

디날리산의 암석은 몽골처럼 부드럽지 않고 우리나라처럼 단단하다. 따라서 이곳에서 뼈 화석을 찾는 일은 매우 어렵다. 풍경이 더할 나위 없이 멋지지만 지질학적으로 매우 젊은 산이기 때문에 암석들도 뾰족하고 날카로워 자칫 넘어지거나 실족하면 크게 다칠 수 있는 매우 위험한 산이기도 하다. 게다가 날씨도 습하고 비가 많이 와서 더욱 위험하다. 이곳에서는 공룡의 뼈 대신 공룡 발자국들이 많이 발견된다. 우리나라도 공룡 발자국이 많이 발견되는 곳이지만 이곳에서 발견되는 것들은 우리나라에서 발견된

헬리콥터를 이용해 산 정상 부근에 도착한 후 텐트를 설치하고 탐사 시작

것들과는 전혀 다른 공룡 발자국이다. 왜냐하면 이 지층의 나이가 우리나라의 것보다 훨씬 젊기 때문이다. 따라서 우리나라에서 발견되지 않는 독특한 발자국이 발견된다. 우리나라에서 발견된 수각류 공룡들의 발자국이나 조각류 공룡들의 발자국은 발가락이 모두 세 개인 데에 반해, 이곳

단단한 지층 위에 찍혀 있는 테리지노사우루스류 발자국

에서 발견된 발자국은 발가락이 네 개다. 네 개의 발가락으로 걷는 공룡은 테리지노사우루스류라는 공룡으로 아주 특이한 공룡이다.

그런데 문제는 이 무거운 암석을 산 정상에서 산 아래까지 어떻게 옮기느냐 하는 것이다. 그것은 거의 불가능한 일이다. 그래서 그런 경우에는 원 암석을 가져올 수는 없고 본을 떠서 가져온다. 퍼티형의 에폭시 두개를 합치면 고무찰흙처럼 되는데 그것을 발자국에 눌러 본을 뜨는 것이다. 1분 정도 기다리면 에폭시는 딱딱하게 고무처럼 굳게 되고 이것을 분리하면 발자국이 찍힌 에폭시 몰드가 만들어진다. 이것을 실험실로 가져와 석고를 부으면 원래 모양과 똑같은 발자국이 나와 꼭 현장에서 가져오지 않더라도 간접적인 방법으로 공룡 발자국을 연구할 수 있다.

알래스카 지역은 곰이 많기로 유명한 곳이어서 탐사를 할 때 가장 겁나는 것이 곰과 마주치는 일인데 '그리즐리 베어Grizzly bear'로 불리는 아주 무서운 알래스카불곰이다. 그래서 디날리국립공원의 관리원들은 위험한 상황에 대비해 항상 총을 가지고 다닌다. 하지만 연구원들에게는 총기 소유가 허락되지 않다 보니 우리 스스로 조심하고 경계하는 수밖에 없다. 대신 '곰 스프레이bear spray'라는 것을 갖고 다니는데 이것으로 곰을 퇴치하기란 무리라는 생각이 든다. 그렇기 때문에 가능하면 곰과 마주치지 않는 것이 최선이다. 이를 위해 이동시 반드시 배낭에다가 '베어 벨bear bell'을 달고 간다. 딸랑딸랑 인위적인 소리를 냄으로써 인간이 가까이 있다는 것을 곰들에게 미리 알려주는 것이다. 그러면 근처에 있던 곰들이 '아, 저기 인간들이 있네. 가까이 가지 말아야지'라고 생각해 접근하지 않는다. 곰들도 인간이 무서운 상대임을 잘 알고 있다.

주차장 근처에 출현한 알래스카불곰 어미와 새끼

그럼에도 불구하고 탐사 기간 곰과 마주치는 것은 피하기 힘들다. 하루는 주차장에 차를 세워두고 탐사를 준비하는데 갑자기 차 옆에서 곰이 나타났다. 어미 곰이 새끼 곰 세 마리를 데리고 나타난 것이다. 우리 모두는 일제히 놀라지 않을 수 없었다. 곰을 만나면 어떻게 해야 할까? 도망을 쳐야 할까? 너무 놀라서 순간 머릿속이 하얘졌는데, 일단 곰을 만나면 절대로 도망을 가면 안 된다. 곰이 사람보다 훨씬 빨리 뛸 뿐만 아니라 등을 보이고 도망치면 먹잇감인 줄 알고 쫓아와 덮친다. 나무 위로 올라가면 되지 않느냐고 하는 분들이 있는데 곰이 나무를 더 잘 타기 때문에 소용없는 짓이다. 그럼 죽은 척하면 되지 않느냐고 하는 분들도 있는데 그것 역시 소용없다. 가장 좋은 방법은 이렇다. 정면으로 곰을 노려본 채 뒷걸음질 치면서 팔을 높이 들고 소리치는 것이다. 팔을 높이 들어 올려 내가 너보다 더 큰 동물이라는 것을 알려주고 너에게 가깝게 다가가지 않겠다는 표현을 해야 한다. 또 한 번은 탐사 후 계곡을 내려오다 50미터 앞에서 새끼를 동반한 어미 곰과 마주쳤다. 우리는 본능적으로 산꼭대기로 도망쳤다. 좁은 계곡 길에서 곰과 만나는 것은 섬뜩한 경험이다.

캐나다와 아르헨티나 공룡 탐사

북미의 대표적인 공룡 화석지 중 하나는 캐나다 앨버타주에 있는 공룡주립공원이다. 공룡 화석으로는 유일하게 1979년 세계자연유산으로 지정된 곳이다. 1889년부터 공룡 화석이 발견되기 시작해 지금까지 58종 이상의 공룡이 발견되었다. 화석 산지에서 가장 가까운 드럼헬러라는 조그만 마을에 세워진 로열티렐박물관^{Royal Tyrrell Museum}은 그 규모가 어마어마하다. 캐나다를 대표하는 엄청난 공룡들이

캐나다 공룡주립공원에 드러난 지층(위)과 공룡 발굴 작업(아래)

전시되어 있는 것은 물론이고 대규모의 화석 처리실도 갖
춰져 있다. 대표적인 전시물은 '블랙 뷰티'라고 해서 뼈 색
깔이 검은색인 티라노사우루스의 완벽한 골격이다.

　캐나다 공룡주립공원에는 약 8,000만 년 된 지층들이 몽골의 배드랜드처럼 73제곱킬로미터 면적에 분포한다. 이곳을 탐사하기 위해서는 캐나다 정부의 허가를 받아야 한다. 광활한 계곡에는 도로가 없는 곳이 많아 커다란 석고재킷을 옮기기 위해 군용 헬리콥터를 이용하기도 한다. 높은 계곡 경사면을 오르내리면서 화석을 찾는 방법은 몽골과 비슷하다. 하지만 어떤 면에서는 탐사 과정이 몽골보다 조금 더 편하다. 아무래도 몽골에 비해 문명이 발달해 있는 지역이다 보니 베이스캠프의 생활이나 먹거리 등의 조건이 훨씬 낫다. 몽골처럼 사막이 아니기 때문에 계곡을 관통해 흐르는 레드디어강이 있어 물 부족에 의한 어려움은 없다.

중생대 백악기 북반구대륙과 남반구대륙의 공룡은 극명한 대조를 이룬다. 주로 원시적인 수각류와 용각류 공룡으로 구성된 남미 공룡은 아시아와 북미에서 크게 번성하고 진화한 수각류와 조반류 공룡과 그 구성이 크게 대조되기 때문이다. 이러한 큰 차이는 북반구의 로렌시아대륙과 남반구의 곤드와나대륙이 백악기 기간 분리되었음에 기인하며 각 대륙에 고유 공룡 종이 진화했기 때문이다. 로렌시아대륙의 주요 공룡 화석지는 미국, 캐나다, 중국, 몽골이지만 곤드와나대륙을 대표하는 공룡 화석지는 아르헨티나의 파타고니아 지역이 유일하다. 그 외 곤드와나 지역인 호주와 아프리카, 남극에서는 공룡 화석의 산출이 미미하다. 현재까지 남미에서는 약 80종의 공룡이 알려졌으며, 흥미롭게도 파타고니아 지역은 트라이아스기의 가장 원시적인 공룡으로부터 백악기 말의 공룡까지 중생대 모든 기간의 공룡이 발견된다. 특히 이치구알라스토주립공원Ischigualasto Provincial Park은 전기 트라이아스기부터 후기 트라이아스기까지 연속적인 퇴적층이 노출되어 공룡 기원 연구의 메카로 인식되고 있다.

파타고니아 지역은 남미대륙의 남위 38도 이남 지역을 지칭하며 아르헨티나 서부의 백악기 시층이 잘 발달한 곳이다. 이 지역의 전체 면적은 100만 제곱킬로미터를 넘으며, 이는 한반도 면적의 다섯 배 정도 되는 크기다. 안데스 산맥 동쪽 지역은 척박한 환경에 인구가 희박하며 몽골 고비사막처럼 배드랜드로 구성되어 백악기 퇴적층이 잘 노출되어 있다. 최근 최대 크기의 용각류 공룡이 발견되었고, 알 속에 공룡 태아의 피부 화석이 보존된 채 발견될 정도로 화석의 보존 상태가 매우 좋아 세계의 주목을 받고 있다.[38]

이곳의 탐사 방법은 몽골이나 캐나다 공룡주립공원과

동일하다. 큰 뼈가 발견되지 않을 때는 공룡을 포함한 그 당시 동물들의 작은 이빨을 찾기 위해 암석을 채취해 체에 넣고 강물에서 거르는 작업을 한다. 강에서 사금을 채취하

파타고니아의 배드랜드(위)와 이빨 등의 작은 화석을 찾기 위해 물을 이용해 채로 거르는 작업(아래)

는 것과 유사하다. 아르헨티나에서는 북반구대륙에서 잘 볼 수 없어 우리에게 익숙하지 않은 유대류 동물들을 많이 볼 수 있다. 라마의 친척인 과나코도 있고, 레아라는 날지 못하는 새도 있다. 그리고 캠프까지 다가와 먹을 것을 달라는 야생 여우도 종종 본다. 탐사 장소는 매년 바뀌지만 엘 칼라파테라는 지역을 탐사한 후 빙하가 녹아내리는 현장을 볼 수 있는 유명한 페리토 모레노 계곡을 방문한 적이 있다. 공룡을 연구하고 화석을 탐사하는 일이 오지를 헤매다니며 많은 위험에 노출되는 고생스러운 과정이지만 가끔 이러한 기쁨을 누리는 순간들도 덤으로 얻는다. 그래서 또다시 힘을 내고 사명감으로 탐사를 하게 되는 것인지도 모르겠다.

첨단 기술로 추적하는
멸종된 생명체들

기나긴 탐사 여정을 통해 발굴한 화석들은 이제 연구 단계에 들어간다. 예전에는 화석을 찾으면 뼈를 기재하고 신종인 경우에는 새로운 학명을 부여하는 정도로 끝났지만 지금은 조금 다르다. 예전의 고생물학 연구 방법과 달리 우리들이 정말 알고 싶은 것은 '옛날에 이러한 새로운 종류의 공룡이 있었다'가 아니라 '이 새로운 공룡들은 어떻게 살았을까?' 하는 것이기 때문이다. 그래서 최근에는 멸종된 공룡들의 삶을 새로운 첨단 기법을 통해 최대한 알아내는 것이 공룡 연구의 방향이다.

예를 들면 공룡 발자국 연구를 위해 과거에는 보행렬과

발자국의 윤곽선을 도면에 그렸지만, 지금은 발자국의 깊이와 두께를 입체적으로 알아내기 위해 3D 스캐닝 과정을 거친다. 발자국의 입체 정보를 등고선 혹은 깊이에 따른 색깔 변화로 표현할 수 있다.[39] 즉 색깔의 변화도로 더 깊게 찍힌 곳과 얕게 찍힌 곳을 시각적으로 판단할 수 있다. 우리나라 울산시 반구대암각화가 있는 대곡천 하상에서 발견된 세계 최초의 중생대 코리스토데라 발자국인 노바페스 울산엔시스도 이러한 방법을 사용해 이들의 정확한 발자국 윤곽뿐 아니라 물갈퀴 자국의 유무, 그리고 보행할 때 안쪽에 더 힘을 주고 걸었는지, 바깥쪽에 더 힘을 주고 걸었는지 등의 많은 정보를 알아낼 수 있었다(자료7).[40]

최근 들어서는 싱크로트론 고속스캐닝 엑스선 형광법 Synchrotron rapid scanning X-ray fluorescence, SRS-XRF을 이용하기도 한다. 가령 시조새 화석을 조사할 경우 그 귀중한 화석을 파괴할 수 없다 보니 비파괴로 화석의 성분을 분석하는 방법이다. 이러한 기계를 사용하면 시조새의 깃털과 뼈가 어떤 광물로 치환되었는지 등을 정확하게 볼 수 있다. 최근에는 시조새 깃털의 멜라닌 소포체를 주사전자현미경 Scanning Electron Microscope, SEM으로 분석한 결과 과거에는 알록달록하다고 추

정했던 것이 실제로는 까맣고 하얀색으로 구성되어 있다는 것을 알아냈다(자료8).[41]

예전 그림책에 등장하는 공룡들은 대개가 알록달록한 색으로 묘사되어 있었는데 공룡에 대한 정확한 정보가 없었기 때문에 공룡의 색깔 복원은 상상에 가까웠다. 하지만 오늘날 우리는 정밀한 첨단 기계를 이용한 분석과 연구를 통해 깃털공룡의 경우 깃털이 어떤 색을 가졌었는지 알 수 있게 되었다. 공룡의 피부가 미라처럼 건조된 채 보존되어 있는 경우가 있는데 이 피부를 분석해 공룡의 피부색을 추정하는 연구도 진행 중이다.

그리고 주로 광물학에서 사용하는 후방산란 전자회절 패턴 분석기Electron Backscatter Diffraction, EBSD는 주사전자현미경에 부착해 사용하는 기기다. 이것은 각 광물 입자의 결정 방향을 색깔로 표시해주는데 공룡알 껍데기도 방해석이라는 광물이기 때문에 이 기법을 이용해 공룡알 껍데기의 결정이 어떻게 배열되어 있는지 알아낼 수 있다. 붉은색이 많으면 성장 축으로 곧게 자란다는 것을, 색이 알록달록하면 결정이 곧게 자라지 않고 비스듬히 자란다는 것을 의미한다. 이러한 공룡알 껍데기의 광물 배열 차이는 공룡알의 깨짐과 밀접한 관계가 있다. 광물 결정의 배열 패턴에 따라 어떤 공룡알은 쉽게 깨지고 어떤 공룡알은 깨지기가 어렵다. 알이 성공적으로 부화하기 위해서는 외부로부터의 압력에도 쉽게 깨지지 않아야 하지만 태아가 내부에서 알을 깨고 나올 때는 쉽게 깨지는 구조가 필수적이다. 이러한 원칙에 의해 공룡알의 최대 크기와 두께가 결정된다. 더 나아가 이러한 연구는 실제 공룡이 알을 품었는지 안 품었는지 등에 대한 여러 가지 해답을 줄 수 있다.

공룡알에 담긴 놀라운 반전

최근에 아주 흥미로운 공룡알 연구가 있었는데 프로토케라톱스가 부화하기까지 걸린 시간을 알아낸 것이다. 프로토케라톱스는 우리가 보통 알고 있는 딱딱한 알이 아니라 뱀의 알 같은 가죽질의 알을 낳았다.[42] 그리고 알 속에 새끼 화석이 들어 있었는데 이빨을 분석해 알에서 부화까지의 시간이 얼마나 걸리는지를 알아냈다. 태아의 이빨에는 하루하루 성장을 기록하는 '에브너 증가선incremental lines of von Ebner'이 있어서 그 선을 세어보면 부화까지의 시간을 짐작할 수 있다. 인간은 엄마 뱃속에서 열 달을 지낸 뒤 세상으로 나오고, 병아리의 경우에는 보통 20일이면 부화한다. 그러면 공룡은 얼마의 시간이 지나면 부화할까? 연구 결과 프로토케라톱스의 경우 약 83일 만에 알을 깨고 나왔다는 것이 밝혀졌다.[43]

우리가 궁금한 또 하나는 공룡알의 색깔이다. 화석이 된 공룡알은 탈색이 되어 있다. 그런데 오늘날 새의 알을 보면 하얀색, 초록색, 갈색, 쑥색 등 그 색깔이 매우 다양하다. 반점 같은 무늬가 있는 알들도 많다. 색깔을 발현시키는 색소체는 프로토포피린과 빌리베르딘이라는 색소다. 프로토케라톱스 공룡알에서도 그런 색소 성분을 분리해냈다. 다양한 색깔의 공룡알을 확인할 날이 머지않았다.[44]

요즘에는 더 미세한 연구를 위해 싱크로트론을 이용한다. 싱크로트론이란 입자 가속기의 일종으로 매우 강력한 엑스레이라고 보면 된다. 어마어마한 에너지로 엑스선을 쏘는데, 가령 3센티미터의 도마뱀 알에 어떤 뼈가 있는지를 알아보기 위해 이 싱크로트론에 걸면 엑스선처럼 그 안의 뼈들이 모두 나타난다(자료9).[45] 그것을 컴퓨터로 분리해 복원한다. 그렇게 복원된 태아의 뼈를 통해 우리는 도마뱀의 머리가 어떻게 생겼는지를 알 수 있다. 과거에는 상상

할 수도 없던 연구 방법이다.

요즘 많이 하는 연구는 공룡의 뼈를 잘라 박편을 만들어 현미경으로 뼈 조직의 미세 구조를 관찰함으로써 공룡의 생리학적 특성을 알아내는 것이다. 이때 가장 많이 사용하는 뼈는 대퇴골의 중간 부분이다. 왜냐하면 이 부분이 그 개체의 성장에 대한 온전한 기록을 간직하고 있기 때문이다. 사실 이 연구 방법은 뼈 조직으로 공룡이 포유류처럼 항온동물인지, 아니면 악어처럼 변온동물인지를 구분하기 위해 시도되었다. 포유류와 파충류의 뼈 조직은 매우 다르다. 왜냐하면 포유류는 뼈가 빠르게 성장하는 반면 파충류는 뼈가 서서히 자라기 때문이다.

이 연구를 통해 밝혀진 사실은 공룡들은 포유류처럼 어릴 때의 성장 속도가 아주 빠르다. 하지만 파충류의 특징인 나이테처럼 성장선이 있는 것을 확인할 수 있다. 그것을 토대로 얼마나 빨리 자랐는지, 몇 살에 완전히 성숙했는지, 그리고 몇 살에 죽었는지 등을 연구한다. 또한 2005년 메리 슈바이처Mary Schweitzer 박사는 놀랍게도 티라노사우루스의 뼈 안에서 혈관의 연조직soft tissue을 찾아냈다. 우리는 뼈라고 하면 보통 단단한 것을 떠올리지만 뼈의 칼슘과 미네랄을 모두 녹이면 그 안에 콜라겐 덩어리가 있는데, 바로 그것이 화석으로 남은 것이다. 비록 DNA는 아니지만 6,500만 년 된 화석에서 이 같은 콜라겐 덩어리를 찾을 수 있다는 것은 굉장히 획기적인 발견이었다.[46]

공룡의 생태를 분석하는 다양한 첨단 기법

공룡의 생태를 알아내기 위해서는 물리적 모형실험도 한다. 공룡의 꼬리를 로봇처럼 만들어 실제로 움직여보는 것이다. 아파토사우루스*Apatosaurus*는 매우 긴 가느다란 꼬리를 갖고 있다. 이러한 긴 꼬리가 정말로 적을 물리치기 위해 사용되었는지를 알아보기 위해 알루미늄으로 꼬리 모형을 만들어 휘둘러본 결과 꼬리를 한 번 휘두를 때 속도가 무려 시속 1,287킬로미터나 되었다. 이러한 속도로 꼬리를 휘두를 때마다 채찍처럼 철썩 하는 큰 소리가 났고 이를 통해 자기를 공격하는 육식 공룡에게 겁을 주는 용도로 사용하거나 짝을 찾을 때 의도적으로 소리를 냈을 수도 있다.

이와 비슷하게 티라노사우루스의 치악력, 즉 무는 힘을 머리뼈 모형을 만들어 측정하기도 한다. 티라노사우루스의 무는 힘은 얼마나 될까? 약 5만 7,000뉴턴으로 계산

악어의 치악력을 직접 측정해 이를 토대로 공룡의 치악력을 계산한다.

되었다. 이 수치는 어느 정도일까? 무는 힘이 가장 큰 현생 동물은 악어다. 실제 측정된 악어의 무는 힘은 약 2만 3,000뉴턴이다. 티라노사우루스는 악어보다 2.5배나 더 세게 먹이를 문다는 것을 알 수 있다.[47] 또한 최근 공학에서 많이 사용하는 유한 요소 분석Finite Element Analysis, FEA으로 공룡의 머리뼈를 컴퓨터로 모델링해 각 공룡마다 먹이를 물 때 머리뼈에 가해지는 스트레스가 어느 쪽에 있는지를 판별할 수 있다. 이러한 분석을 통해 육식 공룡들은 먹이를 물 때 상악골과 머리뼈 뒤쪽에 힘이 가해지지만 뇌 쪽에는 힘이 전달되지 않아 안전한 것을 알 수 있다(자료10).[48]

신체의 내부 구조를 보기 위해 최근에 많이 사용하는 방법은 CT(컴퓨터단층촬영)다. 뇌의 모양을 알아내기 위해 공룡도 CT를 찍는다. 실제 뇌가 남아 있지는 않지만 뇌가 들어 있던 뇌실 모양을 CT로 스캔해 뇌가 있었을 뇌실 안의 공간을 컴퓨터로 복원한다. 이를 통해 공룡 뇌 형태의 정확한 유추가 가능하다. 하지만 티라노사우루스 같은 큰 머리뼈를 가진 공룡의 뇌실을 CT로 스캔하기 위해서는 기계가 아주 커야 하고, 또 X선이 단단한 뼈를 통과해야 하기 때문에 고성능의 CT가 필요하다.

고생물신경학Paleoneurology을 연구하는 전문가들은 병원의 CT보다는 특수 제작된 고생물학용 CT 기계를 이용한다. CT 이미지를 얻게 되면 공룡의 뇌 중 어떤 부분이 발달했는지 알 수 있다. 예를 들면 티라노사우루스는 후구olfactory bulb라고 해서 냄새를 맡는 기관이 크게 발달해 있다. 이것 때문에 어떤 학자들은 티라노사우루스가 후각이 매우 발달했기 때문에 사냥 대신 '시체를 먹는 청소부'라고 주장하기도 했다. 티라노사우루스가 후각이 발달한 것은 사실이나 단지 이 때문에 시체만을 먹고 살았다는 주장은 논란의 여지가 있다. 왜냐하면 티라노사우루스의 다른 골격학적 특징들은 이들이 활동적으로 사냥하는 포식자의 특징을 매우 많이 갖고 있기 때문이다.

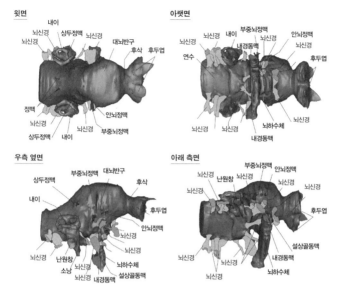

윗면 | 아랫면

내이
뇌신경 상두정맥 뇌신경
뇌신경 대뇌반구
후삭 후두엽

정맥
뇌신경
안뇌정맥
상두정맥 뇌신경 부중뇌정맥
내이

뇌신경 부중뇌정맥 안뇌정맥
뇌신경 내이 뇌신경 뇌신경
연수 내경동맥 후두엽

뇌신경 뇌신경 뇌하수체 뇌신경
내경동맥

우측 옆면 | 아래 측면

부중뇌정맥 대뇌반구
상두정맥 후삭
내이 후두엽
안뇌정맥
뇌신경
뇌신경
뇌신경 난원창 뇌신경 뇌하수체
소뇌 설상골동맥
뇌신경 내경동맥

부중뇌정맥 안뇌정맥
뇌신경 난원창 뇌신경 뇌신경
뇌신경 후두엽
설상골동맥
뇌신경 내경동맥
뇌신경 뇌신경 뇌하수체
뇌신경

ⓒPaulina-Carabajal et al., 2016

갑옷공룡인 파파사우루스의 뇌 복원도

이러한 공룡의 뇌 구조에 대한 CT 연구를 통해 우리는 재미있는 사실을 밝혀냈다. 갑옷공룡에는 두 종류가 있는데 꼬리에 곤봉이 있는 종류와 없는 종류로 쉽게 구분된다. 내가 미국 유학 시절에 연구한 곤봉이 없는 갑옷공룡인 파파사우루스*Pawpawsaurus*와 곤봉이 있는 타르키아*Tarchia* 두개골을 CT로 스캔해 이들 그룹에서 나타나는 뇌의 차이점을 밝혀냈다.[49][50] 즉 곤봉이 있는 안킬로사우루스류의 갑옷공룡에는 소엽flocculus이 존재했고, 곤봉이 없는 노도사우루스류의 갑옷공룡에는 이러한 구조가 없었다. 무거운 꼬리 곤봉을 휘둘러 육식 공룡을 방어하거나 영역 다툼을 했던 안킬로사우루스 그룹의 갑옷공룡은 이를 관장하는 소엽이 특징적으로 발달되어 있다는 사실을 처음 알아낸 것이다.

현생에 없는 화석 생물의 구조를 해석하는 방법은 이외에도 다양하다. 예를 들면 파라사우롤로푸스Parasaurolophus 같은 특이한 머리를 가진 오리주둥이공룡의 경우 현생에서 이와 비슷한 구조를 가진 동물은 없다. 머리 뒤로 길게 확장된 관 같은 구조가 구체적으로 어떤 기능을 했었는지 알기가 어렵다. 그래서 과거부터 이 구조의 기능에 대한 가설이 난무했다. 심지어 이 공룡이 물속에서 특이하게 긴 관을 스노클로 사용했다고 주장하는 학자도 있었지만 관 끝에 구멍이 없다는 사실 때문에 이 주장은 곧 사라졌다.

마침내 데이비드 B. 웨이샴펠David B. Weishampel이라는 학자가 이 관과 비슷한 파이프를 만들어 직접 불어보는 실험을 했더니 트롬본 같은 큰 저음의 소리가 났다. 그는 이 구조가 긴 비강으로 소리를 공명하는 장치라는 것을 알아냈다.[51] 저음의 소리는 초식동물에게 아주 유리하다. 주파수가 낮은 저음의 경우 소리가 멀리 가는 대신에 현재 나의 위치가 잘 노출되지 않는다는 장점이 있다. 반면에 고음을 내면 소리는 멀리 가지 않지만 내가 어디에 위치해 있는지 정확하게 노출된다.

요즘 이슈가 되고 있는 것 중 하나는 공룡의 신진대사량에 관한 것이다. 공룡이 악어나 도마뱀처럼 피가 차고 햇빛을 받아야만 온도가 올라가는 변온동물인지, 우리 포유류처럼 항온동물인지는 30여 년 동안 논란이 되어온 주제다. 현재 많은 사람들이 공룡의 상당수가 항온동물이었다고 믿고 있다. 그 이유는 공룡의 머리뼈를 보면 포유류처럼 비강이 굉장히 발달해 있는데, 비강은 주변 공기가 이곳을 통해 들어갈 때 신체 내부를 알맞은 온도로 조정하는 기능을 한다. 공룡도 이러한 구조가 있다는 것은 포유류나 새처럼 항온동물일 가능성이 높다는 것을 제시한다. 또 목긴공룡의 목과 꼬리가 긴 것도 체온을 발산하기 위한 구조라는 주장이 과거부터 있어왔다. 체적보다 표면적이 넓어야 열 발산이 잘 되기 때문이다. 모든 공룡이 항온인지는 아직 결론이 나지 않은 상태이지만, 활동적으로 움직이고 깃털로 몸을 감싼 수각류 공룡들은 신진대사가 매우 높아 항온동물일 가능성이 크고 결국 이들은 항온동물인 새로 진화한다.

결론적으로 공룡은 이미 멸종한 동물이기 때문에 다른 생물 연구에 비해 확인할 수 없는 것들이 많아 가설에 의존해야 하는 경우가 많다. 그럼에도 불구하고 제시된 가설들이 과학적인 증거와 데이터로 뒷받침이 가능한지 철저한 검증이 필요하다. 분명한 데이터나 증거가 없는 주장은 과학이라고 할 수 없으며 한낱 이야기에 불과하다. 공룡을 연구한다는 것은 그저 신비로움에 매료되어 관심을 갖는 차원을 넘어 과학의 한 분야로서 철저하게 검증하고 진실에 다가가기 위해 노력하는 자연과학의 대상이라는 것을 결코 잊지 말아야 한다.

Q 묻고

답하기 A

화석 탐사와 발굴, 그리고 그것을 연구하는 과정은 많은 위험이 따르는 매우 고생스러운 작업이다. 그럼에도 불구하고 누군가는 멈추지 않고 이 일을 지속한다. 어떤 가치를 위해서이며, 그 가치는 인류의 삶과 어떤 상관이 있을까?

공룡을 찾기 위해 목숨을 걸고 오지를 탐사하고, 발굴한 공룡뼈를 암석에서 꺼내기 위해 실험실에서 먼지를 뒤집어쓰고, 수많은 뼛조각의 퍼즐을 맞추기 위해 머리를 감싸고, 논문을 쓰기 위해 수

많은 자료를 뒤져야 하는 이 모든 과정은 내가 좋아서 하는 일이다. 공룡 연구는 이 학문을 좋아하지 않고서는 오래 버틸 수 없다. 더 나아가 공룡을 진정으로 사랑하지 않으면 도중에 포기하기 쉽다. '즐기는 사람을 이길 수 없다'는 말이 있다. 하지만 공룡 연구는 사랑만으로는 불가능하다. 연구할 수 있는 능력이 필요하다. 세상에 공룡을 좋아하는 사람은 많지만, 실제 공룡학자는 전 세계를 통틀어 100여 명 정도뿐이라는 것만으로도 그 이유를 알 수 있다.

오늘날 인류의 삶을 발전시키기 위해 미래를 주도할 첨단산업 기술 6T(IT, BT, NT, ET, ST, CT)가 자주 언급된다. 학문을 이러한 응용적 관점에서만 본다면 고생물학은 그 어떤 범주에도 해당되지 않는다. 고생물학은 기술이 아니라 과학이다.

그렇다면 공룡학자들이 추구하는 가치는 무엇일까? 우리가 학교에서 짧은 인간의 역사를 핵심 과목으로 배우지만 지질학자들은 이보다 훨씬 더 큰 지구의 역사에 관심이 많다. 과거를 알지 못하면 미래로 나갈 수 없다. 특히 고생물학자들은 생명학적 관점에서 지구 탄생 후 46억 년 동안 지구에 어떤 다양한 경이로운 생명체들이 살았으며, 이들이 진화적으로 어떻게 우리와 연결되어 있는지를 궁금해한다.

고생물학의 가치는 우리 인류에게 실제적, 경제적 도움을 주는 물질적인 가치가 아니라 우리 인류만이 할 수 있는 과거로의 시간 여행과 이러한 근원적인 질문에 답을 찾으려는 정신적 가치에 있다.

내가 어떻게 현재 여기에 존재하게 되었는지를 아는 사람과 그렇지 않은 사람의 인생사는 크게 다를 것이다. 우리 인류 호모 사피엔스가 현재 870만 종과 함께 지구에서 살아가고 있는 한 종일 뿐이라는 인식을 가진 사람과 그렇지 않은 사람과의 인생사도 다를 것이다.

우리 인류도 다른 생명체들과 마찬가지로 지구에서 짧은 시간을 살다 갈 생명체다. 마치 우리가 만물의 영장인 것처럼 다른 생명체와의 공존을 버리고 지구를 약탈하고 있지만 스티븐 호킹 Stephen Hawking 박사가 예언한 것처럼 우리 인류는 1,000년 안에 지구에서 사라질 가능성이 매우 높다. 그럼 이제 우리를 돌아봐야 할 시간이 아닌가.

4부_____

지금도

우리
곁에는

그들이
산다

맨 처음 새를 정의할 때는 깃털이 있어야 하고, 이족보행을 해야 하며, 항온동물이어야 한다는 등의 필수 조건이 있었다. 하지만 이러한 조건은 공룡에게도 해당된다. 그렇다면 시조새는 새 같은 공룡일까, 공룡 같은 새일까?

최초의 깃털로부터
발견한 진화의 열쇠

익룡, 박쥐, 그리고 새

최근 새가 공룡으로부터 진화했다는 가설이 미디어에 자주 등장하는 것 같다. 하지만 아직까지도 우리나라 교과서에는 시조새를 파충류와 새의 중간 단계 정도 되는 동물로 기술하고 있다. 이러한 단순한 내용의 설명 때문에 시조새는 진화의 아이콘으로 인식되어 창조론자들의 공격 대상이 되곤 한다.

실제 2012년에 우리나라에서 정말 실망스러운 일이 벌어졌다. 교과서진화론개정추진회에서 교과서에 기술된 시조새 내용을 삭제해야 한다고 주장했고, 교육부에서 이를 받아들여 검토하겠다고 한 것이다. 그러자 세계적인 과학

전문지 《네이처》에 "한국이 창조론자들의 요구에 항복했다"는 내용의 글이 실렸다. 《네이처》는 "미국에서 진화론 교육을 제한하거나 창조론을 함께 언급하라는 창조론자들의 요구가 몇 개 주에서 받아들여진 적은 있지만, 한국의 진화론 반대자들이 주류 과학과의 싸움에서 거둔 성공에 비하면 별것 아니다"라고 비꼬았다.

이 사건이 발생하자 한국과학기술한림원에서는 이에 대응하기 위해 회의를 소집했고, 기자회견에 패널로 참석한 나는 시조새의 의미와 진화론적인 중요성을 충분히 설명하고 교과서에서 이 내용을 삭제해서는 안 된다고 주장했다. 결국 시조새는 교과서에 그대로 남게 되었다. 서울의 한 고등학교 지구과학 선생님이 내게 이 부분을 학생들에게 어떻게 가르쳐야 하느냐고 물어온 적이 있다. 4부에서는 시조새를 포함해 새가 왜 공룡의 후예인지에 대해 설명하고자 한다.

일단 백과사전에서 제시하는 새의 정의는 다음과 같다. 새는 깃털이 있고, 날개가 있으며, 두 발로 걸어 다니고, 항온동물이며, 알을 낳는 척추동물이라고 기술되어 있다. 오늘날 살아 있는 새의 종류는 무려 1만 종이 넘는다. 종의 수만 놓고 보면 6,500종인 포유류보다 조류가 훨씬 더 번성하고 있다. 개체수에 있어서도 전 세계에서 사육되고 있는 닭만 200억 마리가 넘기 때문에 80억 명의 세계 인구를 월등히 앞선다.

척추동물이 아닌 곤충을 제외하고 지구상에서 스스로 날갯짓을 하며 하늘을 날 수 있는 동물은 모두 세 종류다(자료11). 이미 멸종한 파충류인 익룡과 포유류인 박쥐, 그리고 조류인 새가 그것들이다. 맨 처음 하늘을 날았던 동물은 새도 아니고 박쥐도 아닌 익룡이었다. 익룡은 중생대가 시작되는 트라이아스기에 공룡과 거의 같이 출현했으나 익룡은 공룡과는 엄연히 다른 파충류 그룹이다. 이들 세 그룹이 날개를 지탱하는 구조와 날개의 성분은 서로 크게 다르다.

익룡은 네 번째 손가락이 길어져서 날개가 되었고, 박쥐는 네 개의 손가락이 길어져서 질긴 가죽막을 지탱한다. 반면에 현생 새는 네 번째, 다섯 번째 손가락이 없어지고 나머지 손가락뼈는 융합되어 있다. 또한 새의 날개만이 날개막이 아닌 깃털로 되어 있어서 새를 정의하는 데에 깃털의 유무가 중요한 것도 그 때문이다.

깃털이 강조되는 이유는 깃털은 오직 새에게만 있는 특징이었기 때문이다. 따라서 어떤 동물에 깃털이 있으면 새이고 없으면 새가 아닌 것이다. 19세기 유럽에는 책을 만들 때 석판에 철필로 글을 쓰거나 그림을 그려 종이에 찍어 인쇄를 했다. 과거부터 이 목적을 위해 독일 동남부의 바이에른 주에 있는 졸른호펜 지역에는 얇게 쪼개지는 석판을 채취하는 채석장이 있었고, 그 과정에서 석판에 찍혀 있는 화석들이 종종 발견되기 시작했다. 졸른호펜은 1억 5,000만 년 전인 후기 쥐라기에는 얕은 석호 지역이었다. 석호는 열린 바다가 아니고 모래톱으로 바다와 분리되어 내륙 쪽에 붙어 있는 얕은 바다를 말한다. 이때 이곳에 퇴적된 지층이 졸른호펜 석회암Solnhofen Limestone이다. 외부의 영향이 적은 조용한 환경에서 차근차근 퇴적물이 쌓이다 보니 화석의 보존 상태가 아주 좋다. 따라서 이곳에서는 식물, 곤충, 불가사리, 암모나이트, 물고기, 도마뱀, 거북, 익룡, 공룡 등 아주 다양한 생물의 화석이 발견되었다. 드디어 이곳에서 1861년 최초로 깃털 화석이 발견되자 사람들은 놀라지 않을 수 없었다. 이 발견은 1억 5,000만 년 전에도 새가 살았

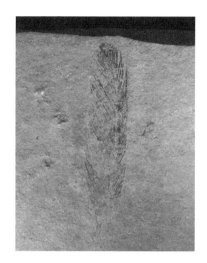

©H. Raab

1861년 독일 졸른호펜 석회암에서 발견된 최초의 깃털 화석

다는 것을 의미했기 때문이다.

깃털이 발견된 같은 해 처음 시조새 화석이 발견되었다. 채석장 주인은 이 시조새 화석의 가치를 잘 알지 못해 단돈 700파운드에 영국에 팔았다. 독일에서 발견된 최초의 시조새 화석(런던 표본)이 런던 자연사박물관으로 팔려가고 만 것이다. 그리고 1863년에 이 화석은 시조새*Archaeopteryx lithographica*라는 이름으로 세상에 알려지게 되었다. 시조새 학명의 의미는 '고대의 날개'란 뜻이다. 뒤늦게 그 가치를

©Emöke Dénes

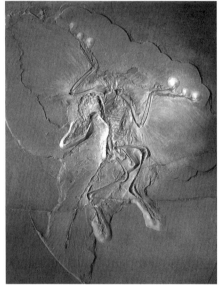

©H. Raab

독일 뮌헨의 졸른호펜 석회암에서 1861년에 발견되어 런던으로 팔려간 시조새 화석의 런던 표본(위)과 1875년에 새롭게 발견된 시조새 화석의 베를린 표본(아래)

알게 된 독일에서는 채석장을 법으로 보호하고 그때부터 시조새 화석을 찾기 시작했다. 그 결과 1875년에 런던으로 팔려간 것보다 훨씬 더 보존이 잘된 시조새 화석(베를린 표본)을 찾았다. 이 화석은 현재 베를린 자연사박물관에 소장되어 있으며, 이 화석을 보기 위해 많은 관람객들이 박물관을 찾는다. 지금까지 졸른호펜 지역에서 발견된 시조새 화석은 모두 12개체다. 과거에 시조새 화석을 의심하는 사람들은 시조새의 날개 깃털 자국이 가짜라고 주장했다. 화석이 단 하나라면 그런 의심도 가능하다 싶지만 12개체나 발견된 지금 그 같은 주장을 계속하기는 어려울 것이다.

시조새, 새인가 공룡인가

베를린 표본 시조새 화석을 보면 날개와 긴 꼬리에 깃털 자국이 분명하고 머리는 등 쪽으로 젖혀져 있다. 목이 뒤로 휘어지는 것은 긴 목을 한 동물들이 죽게 되면 목에 있는 힘줄이 마르면서 당겨지기 때문이다. 목긴공룡 화석의 긴 목과 꼬리가 등 쪽으로 활처럼 휘어져 발견되는 것도 같은 이유에서다. 아르카이옵테릭스*Archaeopteryx*를 우리말로 '시조새'라고 부르는데, 시조새란 모든 새의 조상이라는 의미다.

시조새와 비둘기의 골격 비교

따라서 시조새는 '새'다. 그런데 시조새의 골격을 보면 오늘날의 새와는 많은 차이가 있다.

비둘기와 비교해보면 쉽게 구분할 수 있는데 비둘기는 부리 속에 이빨이 없지만 시조새는 있다. 오늘날 현생 조류는 모두 이빨이 없다. 그리고 시조새의 날개 끝에는 발톱 같은 것이 달려 있지만 현생 조류는 그렇지 않다. 우리가 먹는 닭튀김의 날개 끝 부분을 떠올리면 쉽게 이해가 된다. 또한 시조새는 꼬리가 아주 많이 길지만 현생 조류는 꼬리

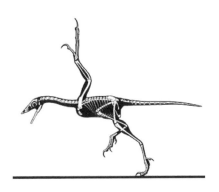

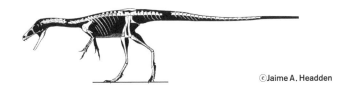

ⓒJaime A. Headden

시조새(위)와 콤프소그나투스(아래)의 골격 비교

가 짧고, 시조새의 가슴뼈는 매우 작은 반면 현생 조류의 가슴뼈는 굉장히 크다. 현생 새들의 가슴뼈가 발달해 있는 이유는 비행을 위해 큰 근육이 발달해야 하기 때문이다.

시조새는 가슴뼈가 너무 작아서 날갯짓이 가능했을까 하는 의심이 들 정도다. 이렇게 골격의 특징만 놓고 보면 현생 조류보다는 오히려 공룡뼈와 더 비슷해 보인다. 이 사실을 제일 먼저 알아차린 사람은 영국의 생물학자 토머스 헉슬리Thomas Huxley다. 그는 찰스 다윈의 열렬한 지지자였고, 진화론을 공격하는 사람들로부터 '찰스 다윈의 개'라고 놀림을 받았던 사람이다. 헉슬리는 졸른호펜 석회암에서 발견된 콤프소그나투스Compsognathus 공룡과 시조새 골격을 비교하면서 시조새가 "공룡과 새의 중간 단계를 보여주는 완벽한 화석이며 이를 근거로 다윈의 진화론이 맞다"고 주장했다. 그는 시조새를 통해 공룡과 새가 밀접한 관계가 있다는 것을 누구보다 먼저 인식한 것이다.

헉슬리의 주장은 시조새가 단순히 파충류와 조류의 중간 단계가 아니라 '새가 공룡으로부터 진화되었다'는 주장이다. 이는 그 당시 대부분의 학자들이 가진 일반적인 생각과는 사뭇 다른 것이었다. 중생대에 출현한 공룡과 새, 악어, 익룡의 이빨은 사람처럼 턱뼈의 구멍에 쏙 박혀 있는 소켓형의 모양을 갖고 있다. 이러한 이빨 형태를 가진 파충류 그룹을 과거에는 조치류Thecodontia라고 불렀다. 도마뱀의 경우는 이빨이 턱뼈 옆에 붙어 있고, 물고기의 경우에는 이빨이 틀 안에 쏙 들어가 있는 게 아니라 턱뼈 위에 그냥 얹혀 있는 형태다. 새도 애초부터 중생대 트라이아스기에 조

티라노사우루스 골격에서 나타나는 공룡만의 해부학적 특징

치류 그룹에서 진화되어왔다고 믿고 있던 학자들에게 새가 트라이아스기가 아닌 쥐라기에 공룡으로부터 진화했다는 헉슬리의 주장은 말도 안 되는 소리였다.

　그렇다면 공룡은 왜 여느 파충류와 다른지를 먼저 생각해봐야 할 것이다. 공룡학자들은 화석으로 발견되는 공룡뼈의 해부학적 특징으로 공룡을 정의하는 수밖에 없다. DNA 같은 다른 생물학적 정보는 화석이 되면서 사라져버려 알아내기 어렵기 때문이다. 그러면 대표적인 공룡인 티라노사우루스의 골격을 예시해 특징을 살펴보자. 그림에 번호로 표시해놓은 여섯 곳이 대표적인 특징이다. 이 중 네 곳은 모두 뒷다리와 관계된 특징이다. 먼저 3번은 대퇴골

근육이 잘 발달할 수 있도록 장골의 뒷부분이 크고, 5번과 6번은 잘 달릴 수 있도록 발목뼈가 앞뒤로 움직이는 경첩관절을 가지고 있으며, 4번은 대퇴골의 머리가 골반 구멍(흡반)에 쏙 끼워져 확고하게 골반과 연결될 뿐 아니라 대퇴골의 장축 방향이 지면과 수직을 이룬다.

이러한 특징은 공룡의 다리가 거북이나 도마뱀처럼 몸의 바깥 방향으로 벌어져 있는 형태가 아니다 보니 이동할 때 발목을 밖으로 회전시킬 필요가 없어 효과적인 걸음걸이가 가능했다는 것을 의미한다. 이렇듯 곧은 다리를 갖게 되면 보폭이 커지고 몸의 무게를 잘 지탱할 수 있기 때문에 몸집도 커질 수 있다. 휘어진 다리를 가진 악어는 짧은 거리를 겨우 몸을 들어 올려 느릿느릿하게 걸을 수밖에 없으며 크기도 공룡처럼 어마어마하게 커질 수 없다.

공룡이 파충류라는 것은 이들이 새끼가 아닌 알을 낳았다는 사실을 통해 알 수 있다. 대부분의 파충류는 알을 낳는다. 거북, 악어, 도마뱀, 뱀 등등. 공룡은 처음에는 가죽질의 알을 낳다가 점점 단단한 껍질을 가진 알을 낳기 시작했다.[52] 그렇다면 포유류는 모두 새끼를 낳을까? 꼭 그렇지만도 않다. 포유류 중에서도 단공류monotreme에 속하는 오리너

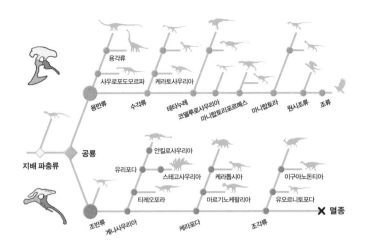

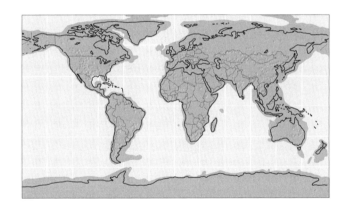

공룡의 진화와 공룡 화석지 분포도

구리는 특이하게도 알을 낳는다. 고생대의 원시 포유류들은 오리너구리처럼 가죽질의 알을 낳았을 것이며, 백악기에 태반류와 유대류로 진화하면서 새끼를 낳은 것으로 추정된다.[53]

지금까지 발견된 공룡 화석 중 가장 오래된 화석은 지금으로부터 2억 3,000만 년 전의 것이다. 이 말은 곧 중생대 트라이아스기 후기에 공룡이 출현했다는 것을 의미한다. 공룡은 출현하면서부터 골반 구조에 따라 용반류와 조반류로 확실히 구분되어 나타났다. 일반적으로 분류하면 용반류 공룡은 목긴공룡인 용각류와 육식 공룡인 수각류로 구성되고, 조반류에는 판공룡인 검룡류, 갑옷공룡인 곡룡류, 뿔공룡인 각룡류, 박치기공룡인 후두류, 그리고 오리주둥이공룡인 조각류 등이 포함된다. 그 후 6,600만 년 전에 날지 못하는 공룡이 모두 멸종되었기 때문에 공룡은 1억 6,400만 년이라는 장대한 기간 동안 지구의 육상 생태계를 지배한 동물이었으며, 또한 남극을 포함한 전 대륙에 걸쳐 서식했다. 공룡은 지구에서 겨우 700만 년 전에 직립을 시작한 원시 인류보다 훨씬 이전에 처음으로 직립을 시작했으며, 우리 현대인(호모 사피엔스)보다 무려 820배나 지구상에 오래 존재한 셈이다. 지금까지 발견된 공룡의 종류는 1,000종 이상이다. 지난 반세기 동안 아주 빠른 속도로 공룡 화석이 발견되고 있을 뿐 아니라, 이 시기에 공룡과 새의 관계가 확고히 정립되었기 때문에 현재를 공룡 연구의 르네상스 시기라고 부를 만하다.

공룡과 새, 같거나 혹은 다르거나

새의 기원에 대한 주장과 논란

다시 새의 이야기로 돌아가보자. 헉슬리는 공룡과 새가 밀접한 관계가 있다고 주장했다. 그 이유는 시조새의 골격 구조가 다른 어떤 동물보다도 공룡의 것과 아주 많이 닮아 있기 때문이다. 그런데 덴마크의 예술가이자 고생물학자인 게르하르트 하일만Gerhard Heilmann의 한마디에 의해 헉슬리의 주장은 묻히고 만다.

하일만은 1926년에 발표한 『새의 기원The origin of birds』이라는 책에서 "새는 새만이 갖고 있는 차골이라는 독특한 뼈가 있다"라고 주장했다. 사람은 쇄골이 양쪽으로 떨어져 있지만 새의 경우에는 쇄골이 V자 형태로 가운데가 붙어

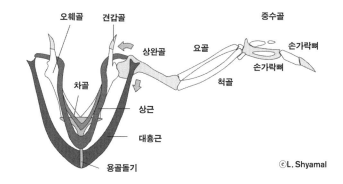

새의 차골과 비행근육

있다. 이 붙은 쇄골을 차골^{furcula}이라고 한다. 하일만의 주장
대로 새는 차골이 있어야만 날갯짓을 할 수 있다. 새의 좌
우 견갑골과 연결된 차골은 새의 어깨 사이에서 지지대 역
할을 한다. 새가 날갯짓을 하는 동안 차골은 흉대^{pectoral girdle}
의 스프링처럼 작동한다. 새가 날개를 아래로 내릴 때 차골
의 양쪽 윗부분의 간격은 평상시보다 50퍼센트나 확장되
었다가 늘어난 스프링이 다시 당겨지는 것처럼 차골이 제
위치로 돌아와 에너지를 절약하며 날개를 위로 올릴 수 있
게 해준다. 따라서 날갯짓을 하기 위해서는 차골이 필수적
이다. 하일만은 새가 공룡에서 진화되었으면 새의 조상인

공룡에게도 차골이 존재해야 하지만 "공룡은 차골이 없기 때문에 절대 새가 될 수 없다"라고 주장했다.

1900년대 초반이던 당시만 하더라도 공룡 화석이 많이 발견되지 않았기 때문에 공룡에게는 차골이 없는 것처럼 보였다. 하지만 차골은 매우 작은 뼈라 보존이 잘 안 될 수도 있고 화석 발굴 과정에서 쉽게 놓칠 수도 있다. 차골은 연골로 시작되어 성체가 되면서 경골로 바뀐다. 따라서 연골 상태인 어린 개체는 화석이 되지 않아 그 존재가 잘 확인되지 않을 수도 있다. 아무튼 처음에는 하일만의 주장이 옳은 것처럼 보였다.

하지만 하일만의 책이 출간되고 하일만의 주장이 틀렸다는 것이 밝혀지는 데에는 그리 오랜 시간이 걸리지 않았다. 지금까지 다양한 여러 수각류 공룡 화석에서 차골이 발견되었다.[54] 원시적인 수각류인 코엘로피시스*Coelophysis*부터 알로사우루스*Allosaurus*, 심지어 티라노사우루스도 차골이 있다. 새에 계통발생학적으로 더 가까운 진화된 수각류인 오비랍토르류와 벨로키랍토르, 그리고 시조새에 이르기까지 모두에게서 차골이 나타난다. 결국 공룡이 새의 조상이 될 수 없다는 하일만의 주장은 근거가 사라지고 말았다.

공룡으로부터 새가 진화되어 나왔다고 주장하는 과학자가 99퍼센트라고 한다면 나머지 1퍼센트는 여전히 그 주장을 믿지 않는다. 그중 대표적인 한 명은 노스캐롤라이나대학교 존 앨런 페두치아John Alan Feduccia 교수다. 그는 아직도 새가 공룡으로부터 진화되어 나온 게 아니라 조치류라고 하는 원시 파충류로부터 갈라져 나온 것이라고 주장한다. 하지만 그런 주장을 뒷받침하는 근거는 매우 빈약하다.

또 한 명은 텍사스공과대학교 상카르 채터지Sankar Chatterjee 교수다. 그는 텍사스의 트라이아스기 지층에서 새 화석을 발견했다고 주장하며 이 화석에 프로토아비스Protoavis라는 이름까지 붙였다.[55] 그런데 문제는 이 화석이 너무나도 불완전하다는 것이었다. 학자들은 프로토아비스 표본이 한 곳에서 발굴된 게 아니라 여러 개체의 뼈가 서로 섞여 있는 게 아닌가 하는 의문을 제기했다. 그럼에도 채터지 교수는 자신이 지금까지 알려진 시조새보다도 7,500만 년이나 더 오래된 새를 찾았다며 이것은 실로 어마어마한 발견이라고 주장했다.

하지만 프로토아비스는 시조새보다 훨씬 더 진화된 특징을 보였다. 7,500만 년이나 더 오래된 새라면 시조새보다도 훨씬 더 원시적인 특징을 보여야 하는데 그 반대적인 특징이 나타난 것이다. 새 화석 전문가인 LA 자연사박물관 루이스 치아페Luis Chiappe 박사는 프로토아비스는 키메라Chimaera라고 단언한다. 여러 뼈를 짜깁기해 새처럼 보이게 한 것일 뿐 그것이 하나의 개체에서 나온 온전한 뼈라는 증거가 어디에도 없다는 것이다. 이 사건을 제외하고 시조새보다 오래된 지층에서 나온 새 화석은 아직 단 한 점도 발견되지 않았다는 것은 새가 트라이아스기에 조치류에서 진화되었다는 이들의 주장이 점점 힘을 잃어가고 있음을 보여준다.

하일만 이후 잠잠했던 공룡과 새의 관계에 결정적으로 다시 불을 지핀 사람은 예일대학교의 존 오스트롬John Ostrom 교수다. 그는 미국 몬태나주의 전기 백악기 지층에서 발견된 데이노니쿠스Deinonychus라는 아주 날렵하게 생긴 수각류 공룡을 자세히 기재하면서 새가 공룡으로부터 진화되어 나왔다는 것을 확신했다. 1969년의 데이노니쿠스 논문과 1976년 「시조새와 새의 기원」에 관한 논문은 진화된 수각류 공룡인 드로마에오사우루스Dromaeosaurus 공룡이 새의 골격과 얼마나 유사한지를 해부학적으로 밝힌 기념비적인 논

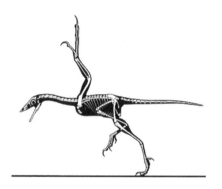

데이노니쿠스와 시조새 골격

문들이다. 오스트롬 교수는 조류와 공룡의 골격 공통점이 100가지가 넘을 뿐 아니라 조류의 골격학적 특징이 공룡의 진화와 함께 오랜 시간에 걸쳐 단계적으로 진화했음을 밝혔다. 데이노니쿠스는 새처럼 앞발도 굉장히 길며 손목뼈도 반달형으로 헉슬리가 비교한 콤프소그나투스보다 훨씬 더 시조새에 가깝다.

새의 진화의 첫 단계는 뒷발로만 걷는 이족보행의 완성이다. 이러한 특징은 공룡의 출현과 함께 이미 나타났다. 이족보행을 하는 직립 공룡은 출현하자마자 다리가 휘어진 다른 원시 파충류들을 압도하며 생태계의 우위를 점했다. 위치가 상대적으로 높은 새의 무릎 관절은 항상 구부러져 있으며, 무릎 관절처럼 보이는 높은 곳에 위치한 뒤로 꺾인 발목 관절은 이미 이족보행 공룡에게서 물려받은 것이다.

우선 발의 구조를 보자. 원시적인 수각류 코엘로피시스와 진화한 수각류 데이노니쿠스, 그리고 시조새와 비둘기의 발의 뼈 비교다. 공룡은 발바닥이 아니라 발가락으로 걷는데 그중 가운데 세 개의 발가락만 사용하며, 첫 번째 발가락은 점점 작아져 뒤를 향하게 된다. 세 개의 발바닥뼈는 서로 확고하게 붙어 새에 와서는 하나의 뼈, 부척골tarsometatarsus로 합쳐지게 된다. 공룡과 새 모두 공통적으로 먼저 다섯 번째 발가락이 퇴화해 네 개만 남아 있고 발가락의 마디 수 패턴이 같다. 즉 발가락 마디 수가 바깥쪽으로 가면서 점점 한 개씩 증가하는 것이다. 대부분의 척추동물들은 다섯 개의 발가락을 유지하고 발가락 마디 수도 첫 번

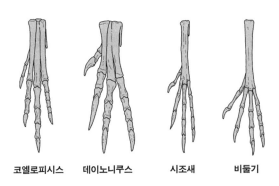

코엘로피시스   데이노니쿠스   시조새   비둘기

발 골격 비교

째를 제외한 나머지 발가락에서는 숫자가 같다.

손가락 패턴도 발가락과 비슷하다. 수각류 공룡은 점점 진화하면서 맨 처음에 다섯 번째가 퇴화하고, 네 번째도 퇴화하고, 첫 번째와 두 번째, 세 번째 손가락만 남게 되며, 두 번째 손가락이 길어진다. 더 진화한 데이노니쿠스 같은 수각류 공룡은 반달형의 손목 관절뼈가 만들어지는데 이러한 뼈 형태는 손을 뒤로 젖힐 수 있게 해준다. 새처럼 앞쪽 날개를 뒤로 접을 수 있는 것과 유사하다.

공룡은 처음 출현했을 때부터 이족보행을 했기 때문에 원래 앞발이 뒷발보다 짧았다. 원시용각류도 원래는 이족보행을 했지만, 용각류로 진화하면서 덩치가 커지고 목이 길어지면서 앞발을 땅에 딛고 사족보행을 하게 되었다. 우스꽝스러울 정도로 작은 티라노사우루스의 앞발은 머리가 커지면서 극단적으로 짧아지긴 했지만 진화한 수각류 공룡이 새롭게 진화를 거듭하면서 점점 앞발이 길어졌다. 날개를 발달시키기 위해서는 앞발이 길어야 한다. 그래야 큰 날개를 만들어 하늘을 날 수 있다. 대부분의 현생 새들은 앞발이 뒷발보다 더 길다. 이렇게 앞발이 길어지는 경향은 이미 진화한 공룡 그룹으로부터 시작되었다. 애초에 공룡이 이족보행을 했다는 사실은 사람처럼 손이 자유로웠다는 것을 의미한다. 인류가 만물의 영장이 될 수 있었던 큰 이유 중 하나도 이족보행을 하면서 손을 사용했기 때문이다. 공룡은 인류보다 훨씬 앞서 이족보행을 실현했으며 자유로운 앞발을 날개로 진화시켰다.

많은 사람들을 혼란스럽게 만드는 것은 용반류와 조반류라는 용어 때문이다. 이러한 분류를 처음 제안한 영국의 고생물학자 해리 실리Harry Seeley는 그 당시 발견된 모든 공룡들이 골반 구조에 따라 두 분류로 쉽게 구분됨을 인지했다. 이 분류는 매우 오래되었지만 여전히 작동하는 아주 좋은 분류다. 용반류는 도마뱀 형태의 골반으로 치골이 앞을 향해 있고, 조반류는 새 형태의 골반으로 치골이 좌골 방향과 같이 뒤를 향해 있다. 따라서 현생 새의 치골은 뒤를 향하고 있기 때문에 조반류 공룡에서 새가 진화한 것으로 착각할 수 있다. 하지만 실제 새는 용반류 공룡인 수각류에서 진화해 나왔다. 원시적인 수각류의 치골은 용반류의 전형적인 특징처럼 앞을 향해 있지만 진화된 수각류로 가면서 치골이 점점 아래를 향하게 되고, 마니랍토라 그룹의 아주 진화된 수각류에서는 새의 치골처럼 뒤를 향하게 된다.[56]

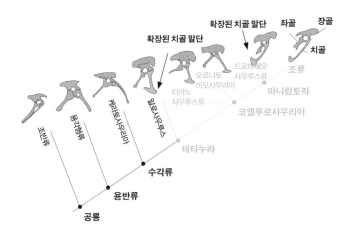

수각류 공룡의 치골 위치 변화

시조새와 공룡은 긴 꼬리를 갖고 있지만 현생 새는 매우 짧다. 그렇다면 꼬리는 언제부터 짧아졌을까? 시조새는 현생 새처럼 강력한 가슴 근육을 이용해 날갯짓을 하지 못하고 주로 활강을 했기 때문에 균형을 잡기 위해서는 긴 꼬리가 필요했다. 활강하는 날다람쥐의 꼬리가 긴 것도 같은 이유에서다. 당연히 가슴 근육이 커지면 활강에 의존하지 않고 날갯짓으로 양력을 발생해 완전한 비행이 가능하게 된다. 비행에 거추장스러운 긴 꼬리가 필요 없어지면서 꼬리는 점점 짧아지고, 꼬리 끝 척추들은 융합해 미단골pygostyle로 변한다.[57] 오비랍토르류와 테리지노사우루스류 공룡에

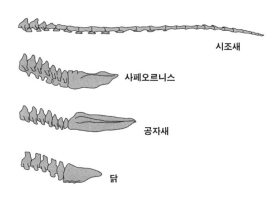

시조새로부터 진화하면서 점점 짧아지는 꼬리

서 이러한 미단골이 나타나는 것으로 보아 공룡 역시 꼬리가 짧아지는 경향이 가능했음을 알 수 있다.

이빨과 관절의 진화

새는 부리 속에 이빨이 없다. 하지만 시조새는 작은 이빨이 촘촘하게 발달해 있다. 시조새뿐 아니라 백악기의 원시 새들을 보면 모두 이빨이 존재한다. 백악기 새 중 헤스페로르니스*Hesperornis*나 이크티오르니스*Ichthyornis*는 물고기를 잡아먹는 반수생 새인데 뒤로 향한 날카로운 이빨들이 아래턱과 위턱에 촘촘히 발달해 있다. 물고기의 몸은 미끄러워서 이빨이 있어야 물기가 수월하기 때문이다. 이들 새를 제외하고 숲속에 사는 백악기 새들에게선 이빨이 급격하게 감소한 것이 관찰된다. 이빨은 부리 끝에 몇 개만 발달하고 입 안쪽의 것들은 모두 없어진다.[58]

새들에게서 이빨이 퇴화하는 경향은 먹이 소화 방식의 변화를 의미한다. 대형 육식 공룡의 경우 커다란 이빨은 고깃덩이를 베어내거나 무기로써 유용하지만, 크기가 작아진 새들에게는 이빨의 무기 가치가 감소한다. 고기를 베어내는 방식보다는 먹이를 부리 끝으로 집어 씹지 않고 빨리

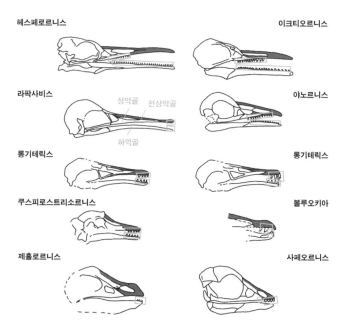

헤스페로르니스 · **이크티오르니스** · **라팍사비스** · 상악골 · 전상악골 · 하악골 · **야노르니스** · **롱기테릭스** · **롱기테릭스** · **쿠스피로스트리소르니스** · **볼루오키아** · **제홀로르니스** · **사페오르니스**

백악기 조류에서 나타나는 이빨 수의 감소

삼키는 방식이 경쟁자들보다 먹이를 빨리 먹을 수 있게 해준다. 또한 무거운 이빨을 제거함으로써 몸무게를 줄이면 비행 시 중력을 덜 받을 수 있다. 백악기 새들에게 남아 있던 이빨은 현생 조류로 진화하면서 모두 없어진다.

조류가 물려받은 공룡의 중요한 특징은 지구 환경 변화가 초래한 것이다. 중생대 후기 트라이아스기에 공룡이 출현하기 전 지구에는 커다란 재앙이 있었다. 그것은 페름기-트라이아스기 대멸종이다. 지구상에 일어났던 다섯 번의 대멸종 중 가장 큰 것으로 대량절멸Great Dying이라고 부르기도 한다. 왜냐하면 고생대가 끝나면서 지구에 살던 생명체 중 해양생물의 96퍼센트가 멸종하고 육상 척추동물의 70퍼센트가 멸종했기 때문이다.

멸종의 원인은 시베리아 지역에서 일어난 엄청난 규모의 화산 폭발이다. 이 화산 폭발의 흔적은 150만 세제곱킬로미터에 걸쳐 쌓여 있는 시베리아 용암 대지로 남아 있다. 이 정도의 용암이 분출했다는 것은 일산화탄소, 메탄, 황화수소, 이산화황을 포함해 2조 톤의 이산화탄소가 대기로 방출되었다는 의미이며, 그 당시 대기의 이산화탄소 농도는 2,000피피엠까지 올라갔다. 산업혁명 전 지구의 이산화탄소 농도인 280피피엠과 비교하면 이 수치가 얼마나 큰 것인지 가늠할 수 있다. 지구를 덮은 화산재는 햇빛을 가려 지구는 몇 년간 핵겨울처럼 어둠의 세계로 빠지고 광합성을 하는 1차 생산자인 식물이 죽게 됨에 따라 동물들도 죽게 된다. 이로 인해 지구의 기온은 빠르게 증가해 연평균 기온이 섭씨 6도나 올라가게 된다.[59]

이렇게 되면 대기의 산소는 15퍼센트까지 급격히 떨어지는데 현재 산소 농도가 21퍼센트인 것을 고려하면 이 수치가 얼마나 낮은지 실감할 수 있다. 엄청난 지구온난화로 대륙에서 풍화침식이 심하게 일어나면서 인성분이 강을 통해 바다로 급격히 유입됨에 따라 해양에는 미생물들이 급격히 증가해 분해되지 못하고 해저 바닥에 쌓이게 된다. 이로 인해 바다에는 산소가 고갈되는 현상이 일어나며 썩지 못한 유기물들은 독성 물질을 생산한다. 이러한 독성은 대기로 퍼져나가 동식물들이 호흡에 고통을 받고 오존층이 깨지면서 유해한 자외선까지 지구에 쏟아진나.

이렇게 산소가 부족한 환경은 중생대가 시작되고도 한동안 지속되었다. 생물의 다양성이 다시 회복하기까지는 중생대가 시작되고도 약 1,000만 년이라는 긴 시간이 걸렸다. 그 당시 지구는 판게아라는 초대륙이 형성되어 있는 시기로 중위도 지역까지 매우 건조했기 때문에 생물들이 생존하기 어려웠다. 이러한 환경에 적응하고 살려면 어떻

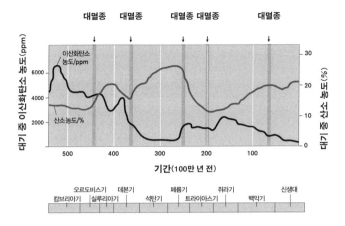

지질시대의 산소와 이산화탄소의 변화

게 해야 할까? 먼저 숨을 잘 쉬어야 한다. 특이하게도 공룡
은 이러한 가혹한 환경에 출현하면서 산소를 더 효과적으
로 흡입하기 위해 목뼈와 앞쪽 등척추 속에 기공을 발달시
켰다. 공룡은 곧은 뒷다리와 함께 산소를 더 잘 호흡할 수
있는 특징 덕에 그 당시의 다른 파충류보다 생존에 더 유리
했다. 아르카에오르니토미무스*Archaeornithomimus* 목척추뼈의
CT 사진을 보면 뼛속에 빈 공간이 매우 많은 것을 볼 수 있
다.[60]

　공룡과 새 척추뼈의 많은 구멍은 기낭과 연결된 구조다.

기낭은 새의 가슴과 배에 있는 폐와 통하는 주머니를 말한다. 보통 생물들은 숨을 한 번 들이쉴 때 산소가 들어오고, 내쉴 때는 산소가 들어오지 않는다. 다시 말해 들숨과 날숨한 세트에 한 번의 산소가 들어온다. 산소를 더 많이 받아들이기 위해서는 숨을 빠르게 반복해야 한다. 반면 새나 공룡은 숨을 들이쉴 때 산소가 폐뿐만 아니라 기낭까지 다 채워진다. 그다음 숨을 내쉬면 폐에 있는 공기가 나가는데 이때 기낭에 있던 산소가 폐로 공급된다. 숨을 내쉴 때도 폐에 산소가 들어가는 것이니 놀랍도록 효과적인 호흡 방법이다. 새는 날갯짓으로 엄청난 에너지를 사용하게 되는데 그런 활동이 가능한 것은 이 같은 이점 덕분이며, 이러한 특징은 공룡에게서 물려받은 위대한 유산이다.

비상을 위한 준비

티라노사우루스처럼 6톤이나 되는 공룡이 어떻게 하늘을 날았을까? 당연히 못 난다. 중력을 견디기 위해서는 몸체가 작아져야 한다. 보통 공룡을 떠올리면 덩치가 큰 공룡만 생각하는데 실제로는 닭보다 작은 공룡도 많았다. 특히 드로마에오사우루스류에 속하는 미크로랍토르*Microraptor*처럼

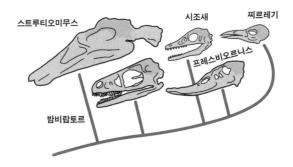

스트루티오미무스　시조새　찌르레기

프레스비오르니스

밤비랍토르

조류로 진화하면서 뇌의 크기가 증가하고 눈을 둘러싸고 있는 뼈들은 없어진다.

작고 민첩한 육식 공룡은 까마귀 정도의 크기였다. 중력을 견딜 수 있을 만큼 체격을 축소함으로써 날개만 있으면 하늘을 날 수 있는 그런 구조가 이미 공룡에게는 완성되어 있었던 것이다.

티라노사우루스처럼 육지에서 주로 서식할 때는 후각이 매우 발달해야 한다. 하늘을 날기 시작하면서부터는 후각보다 더 필요한 감각기관이 눈이다. 하늘을 날면서 먹잇감을 찾아야 하기 때문이다. 그래서 새의 머리뼈 중 가장 큰 부분이 눈구멍이며, 시력도 인간에 비해 열 배는 좋다. 시력이 좋으려면 후각을 관장하는 뇌보다 시각을 관장하는 뇌 부분이 커야 한다. 그래서 공룡에서 새로 갈수록 전

공룡에서 조류로 진화하는 과정에서 나타나는 특징들

뇌 부분이 점점 커지고 심지어 뼈의 숫자도 줄어든다. 공룡의 눈 주위로는 전두엽골prefrontal과 후안와골postorbital 뼈가 있는데 새는 이 뼈가 없다. 하지만 새의 머리뼈 발생 단계에서는 이 두 뼈가 존재했으나 발현되지 않았을 뿐이다. 이러한 특징 또한 공룡과 새를 연결하는 증거가 될 수 있다.[61]

요약하면 진화 과정의 특징을 통해서도 알 수 있듯이 공룡은 처음 출현했을 때부터 새의 특징을 가지고 있었다. 악어와 같은 원시적인 파충류와 달리 공룡은 다리가 곧게 뻗어 직립을 했고 앞발을 사용할 수 있었다. 수각류 공룡들은 새처럼 세 개의 뒷발가락으로 걸었고 앞발은 자유로웠으며 손목 관절은 유연하게 회전이 가능했다. 진화된 수각류 공룡인 드로마에오사우루스류들은 크기도 작아졌다. 공룡이 처음 지구상에 출현하던 후기 트라이아스기 시기에는 고생대 말 대멸종으로 인해 지구상의 산소 농도가 오늘날보다 낮았다. 공룡은 산소를 더 효과적으로 흡입하기 위해 목뼈와 앞쪽 등척추 속에 기공을 발달시켰다. 이러한 특징은 후에 조류로 진화하며 기낭이라는 매우 독특한 호흡 시스템으로 발전한다. 기낭은 뼈의 무게를 줄여 몸무게를 가볍게 한다. 드디어 공룡은 하늘을 날 준비를 마쳤다.

조류의 정의를 다시 세우다

새의 기원과 진화에 관한 내용 중 가장 핵심 요소는 깃털이다. 앞에서도 언급했듯이 깃털은 새를 정의하는 가장 중요한 특징이다.

　공룡에서 새로 진화하려면 반드시 깃털이 있어야 하는데 어느 날 갑자기 없던 깃털이 한순간에 마법처럼 생겨나지는 않았을 것이다. 그러니까 새의 조상인 공룡에게도 이미 원시 깃털이 존재했어야만 한다. 하지만 깃털은 뼈보다 약하기 때문에 화석으로 잘 남지 않는다. 독일 졸른호펜 석회암의 시조새처럼 납작한 판상의 암석에 찍힌 깃털이 발견되지 않으면 깃털의 존재를 알 수 없다. 세계 대부분의 화석지에서 발견되는 공룡 화석은 사암 속에 입체적으로 묻혀 있는 뼈로 발견되기 때문에 깃털의 존재를 알기 어렵다.

1861년 독일의 졸른호펜에서 처음 발견된 시조새의 깃털을 현생 깃털과 비교해보면 똑같다. 하늘을 날기 위해서는 비대칭의 깃털이 필요하다. 깃털이 대칭이면 양력을 받지 못하기 때문이다. 양력은 비행기의 날개 같은 얇은 판을 유체 속에서 작용시킬 때 진행 방향에 따라 수직·상향으로 작용하는 힘을 말한다. 비행기의 날개를 보면 앞쪽이 둥그렇고 뒤로 갈수록 얇아지는 비대칭인데, 이는 양력을 받기 위해서다. 새의 날개도 마찬가지이며, 졸른호펜에서 발견된 화석 깃털도 마찬가지로 비대칭이다. 이것은 곧 비행 깃털이었다는 것을 의미한다.

그렇다면 깃털은 어떻게 만들어지는 것일까? 깃털은 인간의 털과 같다. 동물의 피부에 있는 기원판placode에서 털, 비늘, 깃털이 발생한다. 포유류의 경우는 세포가 발생할 때 털이 되고, 도마뱀이나 뱀은 비늘이 되고, 새는 깃털이 된다. 그러니까 털이나 깃털이나 같은 것이며, 단지 발생 시 깃털이 되느냐 털이 되느냐의 차이만 있을 뿐이다. 털이 난 곳에 동시에 깃털도 나고, 비늘도 나고 하는 경우는 없다.

1990년부터 중국 랴오닝성의 북표라는 지역에 분포하는 전기 백악기 이시안층Yixian Formation의 실트스톤과 화산재가 섞인 판상의 암석에서 졸른호펜의 석회암처럼 깃털이 보존된 공자새Confuciusornis 화석이 발견되곤 했다. 이곳도 졸른호펜처럼 곤충, 식물, 연체동물, 민물 물고기, 도마뱀, 거북, 코리스토테라, 익룡, 공룡, 새 등 다양한 화석이 발견되어 왔다.

그러다가 1996년 처음으로 온몸이 필라멘트형의 원시 깃털로 덮인 자그마한 공룡이 발견되었다. 이 공룡은 1998년 시노사우롭테릭스Sinosauropteryx로 명명되었고 중국 사람들은 이를 '중화용조'라고 부른다.[62] 최초의 깃털이 달린 공룡이 발견된 것이다.

이 놀라운 발견 후 이 공룡의 깃털이 진짜인가에 대한 의심이 쏟아졌지만 원시 깃털 구조를 자세히 분석한 결과 깃털임이 밝혀져 마침내 논쟁은 종식되었다.[63] 더욱이 시노사우롭테릭스의 깃털에서 멜라닌 소포체를 찾아내 전체적인 색깔까지 유추했는데, 밤색과 약간의 적갈색 깃털이 등 쪽을 감싸고 있었고 꼬리에는 밴드형의 무늬가 있다는 것도 밝혀졌다.[64]

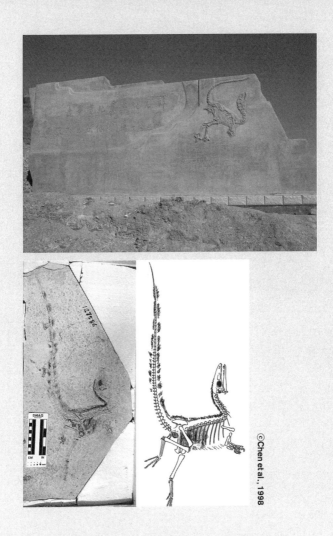

©Chen et al., 1998

중국 랴오닝성에서 처음 발견된 깃털 달린 공룡 시노사우롭테릭스(중화용조)

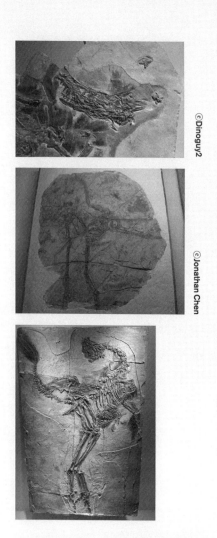

깃털공룡들(시노르니토사우루스, 프로트아르케옵테릭스, 카우딥테릭스)

프시타코사우루스에 존재하는 깃털

화석이 발견되고 난 뒤 이 지역에서 다양한 깃털공룡이 발견되기 시작했다. 초기에 발견된 깃털공룡은 시노르니토사우루스*Sinornithosaurus*, 베이피아오사우루스*Beipiaosaurus*, 프로트아르케옵테릭스*Protarchaeopteryx*, 카우딥테릭스*Caudipteryx* 등이다.

이 공룡들은 모두 수각류 공룡이라 처음에는 수각류 공룡에만 깃털이 있다고 생각했었다. 하지만 조반류 공룡과 초식 공룡에서도 깃털이 발견되기 시작했다. 프시타코사우루스*Psittacosaurus*라는 뿔공룡은 꼬리에 뻣뻣한 털이 발달해 있으며, 조반류 공룡인 티안유롱*Tianyulong*[65]과 더 원시적인 쿨린다드로메우스*Kulindadromeus*[66]도 깃털이 있다. 이로써 우리는 공룡은 출현할 때부터 깃털을 가지고 있었다는 것을 짐작할 수 있다.

최초의 깃털, 그 이후

최초의 깃털은 그냥 실 한 올 같은 필라멘트 형태의 원시 깃털이었다. 그러다가 점차 솜털처럼 올이 많아지고 이어 깃의 축이 만들어지면서 나뭇잎처럼 좀 더 가는 가지들이 좌우로 발달했고, 이 잔가지들이 미세한 갈고리로 연결되어 더 단단한 구조가 되었다. 처음에는 깃의 축을 중심으로 대칭 깃털이 발달했으나 후에 비행할 수 있는 비대칭의 깃털로 변화했다. 이러한 깃털은 암석에 찍힌 형태로만 발견되는 것이 아니라 미얀마와 캐나다의 호박 속에서도 발견되었는데 이미 백악기에 이러한 깃털이 매우 흔했다는 것을 알 수 있다.[67]

　지금까지 중생대 공룡으로부터 확인된 깃털의 종류는 아홉 가지다. 이 중 세 가지는 현생 새에서는 나타나지 않은 깃털 종류다. 즉 공룡은 새보다 더 다양한 깃털을 실험적으로 발달시킨 것으로 생각된다. 공룡의 초기 깃털은 비

|1단계|2단계|3단계|4단계|5단계|

깃털의 발달 단계

행과는 상관이 없었다. 대신 체온을 조절하는 역할을 했을 것이다. 털은 공기를 잘 가둬둘 수 있어서 체온을 조절하는 데에 매우 유리하다. 특히 몸집이 작은 동물일수록 더욱 그렇다. 그래서 공룡은 체온을 효과적으로 조절하기 위해 처음에는 단순한 깃털로 발달시켰지만, 후에 다양한 형태의 깃털로 발전시키면서 하늘을 나는 데에 이용한 것이다. 그러니까 하늘을 날면서 비행 깃털을 완성시킨 것이 아니라, 하늘을 날기 전에 이미 활공을 더 잘하기 위해 비행 깃털을 발달시킨 것이라고 할 수 있다.

그렇다면 모든 공룡 화석에는 깃털의 흔적만 존재할까? 그렇지 않다. 파충류 피부처럼 비늘형의 피부가 그대로 찍힌 공룡 화석도 있다. 특히 몸집이 큰 공룡, 즉 용각류와 대형 조각류, 갑옷공룡의 경우에는 몸에 깃털이 덮여 있으면 체온이 너무 올라가 조절하기가 어려웠을 것이다. 이 거대한 공룡들에게는 털이 필요하지 않았을 수도 있지만 계통발생학적으로 보면 깃털이 있었고 후에 이차적으로 없어졌을 가능성도 있다.

포유류인 코끼리는 거대한 덩치 때문에 털이 거의 없다. 하지만 큰 어미에 비해 작은 새끼의 경우 외부 온도에 크게 영향을 받는다. 예를 들어 티라노사우루스 새끼는 덩치가 작아 원시 털로 덮여 있다가 성장하면서 점점 털이 없어졌을 수도 있다. 몸집이 커지면 외부 온도에 크게 영향을 받지 않는다. 작은 냄비에 끓인 물은 빨리 식지만 큰 냄비에 끓인 물은 식는 데에 더 오랜 시간이 걸린다. 따라서 덩치가 6톤 정도 되면 추운 한밤중에 어느 정도 체온이 떨어져도 신진대사에 크게 문제가 생기지 않기 때문이다. 혹여 앞으로 새끼 용각류 공룡에서 원시적인 깃털이 발견되더라도 그리 놀랄 일은 아닐 것이다. 깃털은 새의 유일한 특징이 아니라 이미 공룡 때부터 존재했었다. 깃털을 비행에 이용하기 전, 공룡들은 체온을 조절하거나 짝을 유혹하기 위해, 또는 먹이를 잡기 위해 다양한 용도로 사용했던 것이다.

공룡, 드디어 날다

그럼 공룡은 어떻게 하늘을 날게 되었을까? 과거 두 가지 가설, 즉 'Ground Up(땅에서 하늘로)'과 'Tree Down(나무에서 아래로)' 가설이 존재했다. 오스트롬 교수는 데이노니쿠스처럼 민첩한 공룡들은 날아다니는 곤충을 잡아먹기 위해 빨리 뛰려고 날갯짓을 하다가 날게 되었다고 주장했다. 땅에서 빨리 뛰다가 하늘로 날아올랐다는 'Ground Up' 가설을 주장한 것이다. 하지만 이러한 가설을 뒷받침할 증거는 찾기 어려웠다.

그런데 나무에서 활강하다 점차 하늘을 날 수 있게 되었다는 'Tree Down' 가설을 뒷받침하는 강력한 증거가 최근 중국에서 발견되었다. 그것은 바로 미크로랍토르라는 공룡이다.[68] 이 공룡은 특이하게 뒷다리에도 깃털이 있다. 뒷다리에 깃털이 있으면 걸리적거려 빨리 뛸 수 없었을 것이다. 그 대신 뒷다리의 깃털은 활공하는 데에 굉장히 유리하다. 날다람쥐도 활공할 때 뒷다리까지 연결된 피부막을 펼쳐 낙하산처럼 공기를 품는다. 뒷다리에 깃털이 있을 때와 없을 때를 비교하면, 뒷다리를 쫙 폈을 때가 네 개의 날개에 양력을 받아 훨씬 더 먼 곳까지 활공할 수 있다.

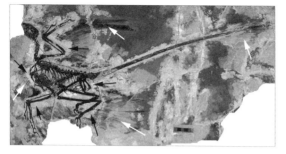

© Hone et al., 2010

뒷다리에도 깃털이 있는 미크로랍토르 공룡

미크로랍토르 공룡뿐만 아니라 그 후 발견된 안키오르니스*Anchiornis* 공룡의 뒷다리에서도 깃털이 발견되었고, 시조새도 자세히 조사한 결과 뒷다리에 작은 깃털이 있다는 것이 밝혀졌다. 그 외 초창기의 사페오르니스*Sapeornis* 같은 원시 새 또한 매우 작아지기는 했지만 뒷다리에 깃털이 있었다.[69] 조류로 진화하기 전 이미 공룡들이 하늘을 날았다는 것은 공룡과 새가 얼마나 밀접한 관계인지를 말해준다. 미크로랍토르와 안키오르니스가 바로 그 증거다. 이러한 공룡과 시조새는 오늘날 날다람쥐처럼 나무와 나무 사이를 활공비행했을 것으로 보인다. 이들은 불완전한 활공비행을 했기 때문에 긴 꼬리가 필요했지만, 성가신 긴 꼬리는

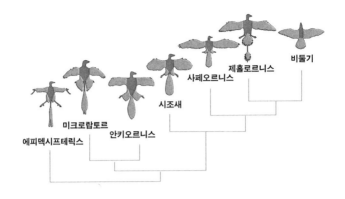

에피멕시프테릭스   미크로랍토르   안키오르니스   시조새   사페오르니스   제홀로르니스   비둘기

공룡으로부터 새로 변화하며 하늘을 나는 과정에서 발달한 비행 깃털들

점차 짧아지고 가슴 근육이 발달하면서 온전히 강력한 앞
날갯짓만으로 하늘을 날 수 있게 된 것이다.

다시 쓰는 새의 정의

요즘 고생물학계의 골칫거리 중 하나는 새를 어떻게 정의
할 것인가이다. 왜냐하면 새의 가장 큰 특징인 깃털이 새에
게만 있는 것이 아니라 공룡에게도 있기 때문이다. 공룡과
새를 구분하던 중요한 기준이 사라져버린 것이다. 그러다
보니 시조새가 새 같은 공룡인지, 공룡 같은 새인지에 대해
다시 조사하기 시작했다. 중국의 고척추고인류연구소의

쑤 씽Xu Xing 교수는 2011년《네이처》에 시조새가 공룡이라는 논문을 발표했는데, 2014년에는 자신의 주장을 번복하고《사이언스》에 다시 시조새가 새라는 논문을 발표했다. 이러한 해프닝은 현재 공룡과 새의 구별이 매우 모호해졌을 뿐 아니라 공룡과 새가 얼마나 가까운 관계인지를 역설적으로 말해준다. 현재 새로 분류하는 그룹은 현생 조류만을 지칭하는 'Aves'가 있고 이들 조상인 공룡 중 새에 가장 가까운 'Avialae'가 있다. Avialae의 정의는 날갯짓으로 하늘을 날 수 있는 깃털 날개를 가진 모든 공룡을 포함해 이들의 후손인 현생 조류다.[70] Avialae에는 가장 원시적인 안키오르니스, 시조새, 라호나비스Rahonavis가 있고, 이들보다 더 진화했으나 멸종한 백악기 원시 새들이 포함된다.

아직 공룡시대는 끝나지 않았다

공룡이 가진 새의 습성

골격학적 특징 외에도 공룡과 새는 습성이 매우 유사하다. 우선 새와 공룡 모두 딱딱한 껍질의 알을 낳는다. 물론 새와 달리 공룡은 나무 위가 아닌 땅에 알을 낳는다. 흥미로운 점은 수각류 공룡의 알은 현생 새알 껍데기의 단면 구조와 똑같다는 것이다. 수각류와 새알 껍데기의 단면은 2층 구조로 되어 있는 반면 초식 공룡의 알의 단면은 매우 다양한 형태를 띤다. 이는 새알의 구조가 육식 공룡으로부터 물려받은 것임을 명확히 보여준다.

오늘날 대부분의 파충류는 새끼를 돌보지 않는다. 바다거북도 해안으로 올라와 힘들게 구덩이를 파고 알을 낳은 뒤 곧 그곳을 떠난다. 남겨진 알들은 햇빛 열에 의해 부화한 후 스스로 살아남기 위해 본능적으로 바닷속으로 들어간다.

도마뱀도 새끼를 돌보지 않기는 마찬가지다. 비록 악어는 새끼가 부화할 수 있도록 돕기는 하지만 새나 포유류 같이 먹이를 물어다주며 새끼를 돌보지는 않는다. 과거에는 공룡 역시 파충류이기 때문에 새끼를 돌보지 않는다고 믿었다. 하지만 그런 믿음과 달리 공룡은 새들처럼 둥지를 만들고 한동안 새끼를 돌봤다.

이렇게 부모가 새끼를 돌보는 것은 고등한 동물이어야만 가능하다. 옆의 그림 중 첫 번째에서처럼 초식 공룡인 오리주둥이공룡 마이아사우라*Maiasaura*는 집단으로 둥지를 만들어 알을 낳은 뒤 새끼들이 둥지를 떠날 때까지 새끼를 돌봤다. 이러한 사실을 알 수 있는 것은 둥지에서 발견된 새끼의 다리뼈 관절이 완전히 성숙되지 않아 걸을 수 없는 미숙한 새끼임에도 이빨을 보면 먹이를 먹어 닳아 있는 것이 관찰되었기 때문이다. 이는 어미가 이 새끼에게 식물을 가져다준 것으로 해석되었다.[71]

몽골에서 발견된 육식 공룡 키티파티*Citipati*는 두 번째 그

마이아사우라의 집단 둥지 복원도

몽골에서 발견된 키티파티와 둥지

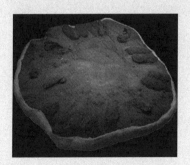

목포시 압해도에서 발견된 공룡알 둥지

림과 같이 둥지에서 알을 품고 있는 자세 그대로 화석이 되었다. 키티파티가 자기 체온으로 알을 품었는지에 대한 논란이 있지만 화석은 분명 어미가 둥지 위에 앉아 알을 보호하는 자세임에는 틀림없다.[72] 이러한 습성은 파충류와는 전혀 다른 새의 특징이다.

세 번째 그림은 우리나라 목포시 압해도에서 발견된 공룡알로 아주 잘 보존된 둥지 화석이다. 지름이 2미터나 되는 엄청난 크기의 둥지다. 알의 둥지는 도넛처럼 가운데가 비어 있고, 둘레에 두 개씩 쌍으로 알들이 배열되어 있다는 특징이 있다. 공룡은 산란관이 두 개여서 한 번에 알을 두 개씩 낳기 때문이다.

하지만 현생 새들은 알을 하나씩 낳는다. 원래는 새들도 산란관이 두 개였는데 한 개를 퇴화시키고 대신 알 하나를 크게 낳게 되었다. 이는 하늘을 날기 위해 몸을 가볍게 하는 과정에서 생겨난 변화다.

우리 탐사팀은 몽골 동고비에서 처음으로 공룡 집단 산란지를 찾았다. 계곡을 따라 분포한 후기 백악기 지층에서 부화된 같은 형태의 공룡알 둥지가 수십 개 발견되었다. 알은 테리지노사우루스류*Therizinosaurus*의 것으로 확인되었는데

몽골 동고비사막에서 발견한 테리지노사우루스류 집단 산란지의 알둥지 위치(위)
알둥지 사진(아래)

이 그룹은 초식성을 가진 수각류 공룡이다. 이렇듯 수각류
공룡이 함께 모여 집단 산란지를 만든 것은 처음이다. 집단
으로 모여 산란지를 만드는 습성은 파충류에서는 전혀 볼
수 없고 파타고니아의 바닷새나 펭귄 같은 새들에게서 나
타나는 특징이다.

파타고니아 바닷새(황제가마우지) 둥지

새와 공룡 그리고 인류

전형적인 파충류는 변온동물이지만 새는 항온동물이다. 병아리를 살포시 잡아보면 따뜻한 온기가 전해진다. 따뜻한 피를 가지고 있다는 뜻이다. 그런데 병아리의 조상이 공룡이면 공룡도 항온동물이어야 하는 게 맞지 않을까? 결국 공룡은 변온동물인 파충류에서 항온동물인 새로 전이되는 과정에 있던 동물이다. 하지만 공룡이 항온동물이냐 변온동물이냐에 대해서는 아직도 뚜렷한 결론이 나지 않은 상태다. 모든 공룡은 아니겠지만 새의 조상인 수각류 공룡은 항온동물일 가능성이 매우 높다. 왜냐하면 수각류처럼 사냥을 위해 높은 신진대사를 유지하는 공룡일 경우에는 크기가 작으면 외부의 온도 변화에 취약하기 때문에 항온동물의 가능성이 크다. 어떤 학자는 공룡은 변온동물도 아니고 항온동물도 아닌 중온동물이라고 말한다. 그 중간에 있는 형태의 신진대사를 가졌다는 것이다.[73]

중생대에 번성했던 다양한 원시 조류들은 공룡과 함께 번성하다가 백악기 말 현대적인 새Neornithes로 진화했다. 이 현대 새들은 신생대에 들어와 수와 종의 수가 폭발적으로 번성했다. 가장 많은 새는 참새가 속한 연작류이고, 그다음이 닭이 속한 순계류 같은 새들이다. 과거 우리는 척추동물이 어류, 양서류, 파충류, 조류, 포유류의 다섯 개로 나뉜다고 배웠다. 하지만 새는 공룡이고 공룡은 파충류이기 때문에 조류는 파충류와 동급이 아닌 파충류에 속한 공룡의 하위 그룹일 뿐이다. 그렇다 보니 파충류와 조류를 하나로 묶는 용어가 필요해졌다. 그래서 요즘에는 파충류라는 용어를 사용하지 않고 어류, 양서류, 석형류(파충류+조류), 포유류 이렇게 네 개의 커다란 그룹으로 구분한다.

날지 못하는 공룡들은 백악기 말 멸종했지만 새로 진화한 공룡들은 백악기 말 대멸종에서 살아남아 오늘날 우리와 함께 번성하고 있다. 이 의미는 아직 공룡시대가 끝나지 않았으며 우리 인류는 공룡과 함께 공존해나가고 있다는 것이다. 만약 백악기 말에 새로 진화하지 못한 육상 공룡들이 멸종하지 않았다면 지금 인류는 존재하지 않았을 것이다. 우리 조상인 포유류는 신생대가 들어와서도 계속 공룡의 그늘 속에서 보잘 것 없는 존재로 살아가고 있을 것이기 때문에.

고생물학자로서 꼭 찾고 싶은 화석 버
킷리스트가 있다면 무엇이며, 그 이유
는 왜인가?

꼭 찾고 싶은 공룡은 몽골 공룡인 테리지노사우루
스다. 테리지노사우루스는 1954년 러시아 학자
인 예브게니 말레프 Evgeny Maleev 박사가 50센티미터
에 이르는 낫처럼 생긴 거대한 앞발톱을 발견해 이
름 붙인 공룡이다. 테리지노사우루스라는 뜻도
'낫 도마뱀'이다.

말레프는 이 앞발톱을 보고 거북이의 앞발 형

태를 가진 특이하게 생긴 파충류로 생각했다. 1973년에는 이보다 더 완전한 개체가 발견되었는데 공교롭게도 데이노케이루스처럼 앞발만 발견되었다. 몽골 남고비사막의 네메겟층에서 발견된 이 개체는 앞발의 크기도 데이노케이루스와 거의 같다. 따라서 전체적인 테리지노사우루스의 형태는 베일에 싸여 있었다.

이후 미국과 몽골, 중국 등 다른 나라들과 몽골에서 테리지노사우루스의 조상 공룡이 발견되면서 드디어 전체적인 형태가 드러났다. 머리는 몸집에 비해 작고 배는 큰 배불뚝이 같은 모양의 공룡이다. 이 공룡의 발견으로 테리지노사우루스류는 이제 정확히 수각류 공룡의 한 그룹으로 분류되었다. 많은 학자들이 큰 낫처럼 생긴 앞발톱이 어떤 용도로 사용되었는지를 밝히려는 시도를 하고 있지만 아직 성공하지 못하고 있다. 그 이유는 테리지노사우루스의 나머지 부분이 발견되지 않았기 때문이다.

마치 데이노케이루스가 모든 사람의 예상과 빗

나간 특이한 형태를 가진 것처럼 테리지노사우루스도 우리의 예상을 뛰어넘는 아주 독특한 형태의 공룡일지도 모른다.

전체적인 테리지노사우루스의 형태가 밝혀지면 같은 시기, 같은 지역에 살았던 거대한 앞발을 가진 두 공룡 데이노케이루스와 테리지노사우루스가 서로 경쟁자였는지, 혹은 서식지를 공유했는지 알 수 있을 것이다. 또한 북미대륙과 다르게 거대한 두 공룡 그룹이 왜 몽골에서만 번성했는지 등등 수많은 질문에 답할 수 있을 것이다.

매년 몽골 공룡 탐사를 나갈 때마다 테리지노사우루스를 발견하는 행운이 오기를 기원한다. 그래서 매번 탐사를 준비하는 순간부터 즐겁고 설렌다. 탐사 기간 내내 다음 날이 되면 새로운 화석을 발견하리라는 부푼 기대를 안고 고된 하루의 탐사를 마무리할 수 있다.

공룡을 탐사하며 고생물학자로 산다는
것은 많은 위험과 고난이 따르는 일이
다. 그럼에도 불구하고 그 꿈을 이루고
싶다면 어떤 책을 읽고 어떤 분야의 공
부를 해야 할까?

공룡 연구는 고생물학 분야에서 다루는데, 고생
물학은 지질학과 생물학이 합쳐진 분야다. 따라
서 고생물학은 대학의 지질학과(현재 '지구환경과
학과'로 개칭한 대학이 많다. 사실 나는 지질학과라는 이
름을 더 좋아한다)에서 가르친다. 실제 공룡을 전문
적으로 연구하기 위해서는 대학원에 진학해야 한
다. 외국의 경우 생물학을 전공하고 고생물학을
전공하기 위해 대학원에 오는 학생들도 있는 편이
지만, 우리나라의 경우 학제 간의 소통이 원활하
지 않기 때문에 고생물학을 생물학과에서는 다루
지 않는다.

고생물학이 생물을 다루는 학문인데 왜 지질학
과에 있는지 궁금해하는 학생들이 많다. 그 이유

는 공룡을 포함해 모든 화석은 지질시대의 지층 속에서 발견되므로 그 지층에 대한 지질학적 정보가 꼭 필요하기 때문이다.

또한 화석의 나이를 아는 것도 매우 중요하며 이러한 정보는 지층 속에 있다. 만약 발견된 공룡의 산출 시기를 잘못 계산하면 진화의 순서가 바뀌는 오류가 발생한다. 지질학은 큰 시간을 다루는 학문이기 때문에 생물의 진화에 있어서 시간 개념은 매우 중요하다.

뿐만 아니라 화석이 포함된 퇴적암의 특징이나 구조를 해석해 화석이 어떻게 이곳에 묻혀 화석이 되었는지도 밝힐 수 있다. 즉 살인 현장에서 조사관들이 시체만 보는 것이 아니라 현장에 널려 있는 여러 가지 숨겨진 살인의 흔적을 찾는 것과 같은 이치다. 이러한 이유로 화석을 연구하는 고생물학은 지질학에 속해 있다.

그렇다면 결론은 공룡학자가 되기 위해서는 두 분야의 지식이 모두 필요하다. 지질학과 생물학, 두 학문은 모두 대학에서 전문적으로 배워야 하는 과정이다. 대학에 가기 전 청소년 시절에 준비해야 할 것은 미리 전문적인 지식을 알려하기보다는 위에 언급한 두 분야의 교양서적들을 접하길 권한다.

하지만 나는 이보다 더 근본적인 것을 말해주고 싶다. 제일 중요한 것은 내가 어떤 사람인가를 빨리 파악하는 것이다. 좋아하는 것과 잘하는 것은 전혀 다르기 때문이다. 스스로에게 질문을 해보자!

첫째, 나는 자연을 좋아하는 사람인가? 사람을 좋아하는 사람인가? 또는 고생스럽더라도 야외에 나가는 것을 좋아하는가? 아니면 집 안에 있기를 좋아하는가?

둘째, 공룡 연구는 인문과학이 아니라 자연과학이다. 자연에 대한 관심이 많은 학생들이 절대 유리하다. 어떤 자연 현상과 물체의 특징을 빠르게 간파할 수 있는 능력이 있는가? 즉 물체의 같고 다름을 잘 구별할 능력이 있는가?

셋째, 여러 역경을 이겨낼 끈기가 있는가?

넷째, 내가 관찰한 것을 글로 잘 표현할 수 있는가?

공룡학자는 연구자다. 내가 연구한 내용을 논문으로 풀어낼 수 없다면 연구자로서의 자질이 없는 것이다. 공룡학자는 겉에서 보기에는 화려한 것 같지만 실제 굉장히 힘든 직업이다. 어떤 직업을 갖든 내가 좋아하고 잘하는 직업을 찾으면 매우 좋겠지만 좋아는 하지만 잘하지 못한다면 그 분야에서 성공하기는 힘들다. 공룡학자도 예외는 아니다. 가장 안 좋은 경우는 좋아하지도 않으면서 그 직업을 택하는 것이다.

누구나 공룡 이름을 외우던 시절이 있었다

이 책의 독자들 중에는 아마도 공룡을 좋아하는 청소년들이 많으리라 생각된다. 공룡은 우리를 잡아끄는 묘한 힘이 있다. 그 힘의 요소는 저마다 다를 수 있다. 나는 무엇보다 공룡을 좋아하는 마음을 존중한다. 무엇을 좋아하는 마음은 아름다운 것이기 때문이다. 그 감정이 서서히 또는 갑자기 사라지더라도 괜찮다. 공룡을 좋아한다고 해서 모든 이가 공룡학자가 될 필요는 없다. 고생물학은 공룡이 망치고 천문학은 블랙홀이 망친다는 우스갯소리도 있다. 그만큼 대중의 관심을 많이 받는 분야여서 생겨난 역설적 표현이리라.

공룡학자가 되지 않더라도 공룡 콘텐츠를 이용하는 분

야는 무궁무진하다. 책, 모형, 영상, 영화, 박물관 등 공룡에 대한 사랑을 다양한 방면으로 표현할 수 있다. 따라서 나는 이 책이 공룡과 어떤 식으로든 얽혀 있는 이들에게 공룡에 대한 기초 지식뿐 아니라, 현재 빠르게 발전하고 있는 공룡 연구의 현주소를 살짝 들여다보는 데에도 작은 도움이 되었길 바란다. 그 무엇보다도 사실 나의 솔직한 바람은 공룡을 포함한 고생물학이 왜 우리의 삶에 중요한 학문인지가 잘 전달되었으면 하는 것이다. 그리고 우리나라에서 고생물학의 발전 가능성이 얼마나 대단한지 독자들이 조금이나마 이해했다면 이 책의 역할은 충분하다.

공룡 연구는 IT 업계처럼 매우 빠르게 진화하고 있다. 일주일이 멀다하고 공룡에 관한 새로운 뉴스가 세계로부터 쏟아져 나온다. 이러한 사실을 생각하면 이 책이 이제야 세상에 나온 것이 많이 늦은 감이 있다. 그럼에도 불구하고 『공룡학자 이융남 박사의 공룡대탐험』이후 두 번째로 집필한 책이라는 점에서 오랫동안 나의 책을 기다려준 독자들에게 조금이나마 빚을 갚는 것 같아 기쁘다. 끝으로 글쓰기에 게으른 나에게 강연을 묶어 책으로 발간하자고 제안해주신 21세기북스 출판사에 고마움을 전한다.

1. Mora, C., Tittensor, D.P., Adl, S., Simpson, G.B., and Worm, B. (2011). "How many species are there on Earth and in the Ocean?". PloS Biology 9(8):e1001127.

2. Thewissen, J.G.M., Cooper, L.N., Clementz, M.T., Bajai, S., and Tiwari, B.N. (2007). "Whales originated from aquatic artiodactyls in the Eocene eporch of India". Nature, 450:1190-1194.

3. Shimamura et al. (1997). "Molecular evidence from retroposons that whales form a clade within even-toed ungulates". Nature, 388: 666-670.

4. Gheerbrant. E. (2009). "Paleocene emergence of elephant relatives and the rapid radiation of African ungulates". PNAS 106: 10717-10721.

5. Kampourakis, K. (2014). "Understanding Evolution". Cambridge University Press.

6. MacFadden, B.J. (2005). "Fossil horses-evidence for evolution". Science 307:1728-1730.

7. 최덕근, 『10억 년 전으로의 시간여행』, 휴머니스트, 2016.

8. Choi, S. and Lee, Y.-N. (2017). "A review of vertebrate body fossils from the Korean Peninsula and perspectives". Geosciences Journal 21:867-889.

9. Aldridge, R.J., Briggs, D.E.G., Smith, M.P., Clarkson, E.N.K., and

Clark, N.D.L. (1993). "The anatomy of conodonts". Philosophical Transactions: Biological Sciences 340: 405-421.

10. Lee, Y.-N. and Huh, M. (2002). "Manus-only sauropod tracks in the Uhangri Formation (Late Cretaceous), Korea and their paleobiological implications". Journal of Paleontology 76: 558-564.

11. Lee, Y.-N. and Lee, H.-J. (2006). "A sauropod trackway in Donghae-myeon, Goseong County, South Gyeongsang Province, Korea and its paleobiological implications of Uhangri manus-only sauropod tracks". Journal of Paleontological Society of Korea 22: 1-14.

12. Lee, Y.-N., Lee, H.-J., Han, S.-Y., Park, E. and Lee, C.H. (2018). "A new dinosaur tracksite from the Lower Cretaceous Sanbukdong Formation of Gunsan City, South Korea". Cretaceous Research 91: 208-216.

13. Lee, Y.-N., H.-J. Lee, J. C. Lü, and Y. Kobayashi. (2008). "New pterosaur tracks from the Hasandong Formation (Lower Cretaceous) of Hadong County, South Korea". Cretaceous Research 29:345-353.

14. Kim, B.K. (1969). "A study of several sole marks in the Haman Formation". 지질학회지 5:243-258.

15. Lee, Y.-N., D.-Y. Kong, and Jung, S.-H. (2020). "The first possible choristoderan trackway from the Lower Cretaceous Daegu Formation of South Korea and its implications on choristoderan locomotion". Scientific Reports 10:14442.

16. Lee, H.-J., Lee, Y.-N., Fiorillo, A.R., and Lu, J. (2018). "Lizards ran bipedally 110 million years ago". Scientific Reports 8:2617.

17. Caldwell, M.W., Nydam, R.L., Palci, A., and Apesteguia, S. (2015). "The oldest known snakes from the Middle Jurassic-Lower Cretaceous provide

insights on snake evolution". Nature Communications 6 : 5996.

18. Caldwell, M.W. and Lee, M.S.Y. (1997). "A snake with legs from the marine Cretaceous of the Middle East". Nature 386 : 705-709.

19. Kim, S.-H., Lee, Y.-N., Park, J.-Y., Lee, S., and Lee, H.-J. (2020). "The first record of redfieldiiform fish (Actinopterygii) from the Upper Triassic of Korea : implications for paleobiology and paleobiogeography of Redfieldiiformes". Gondwana Research 80

20. Park, J.-Y., Evans, S.E., and Huh, M. (2015). "The first lizard fossil (Reptilia : Squamata) from the Mesozoic of South Korea". Cretaceous Research 55 : 292-302.

21. Lee, Y.-N., Hutchison, J.H., and Chang, K.-H. (2009). "The first Mesozoic turtle from South Korea". Cretaceous Research 30 : 1287-1292.

22. Lee, Y.-N. and Lee, H.-J. (2006). "Hasandong vertebrate fossils in South Korea", pp. 129-139. In Lu, J.C., Kobayashi, Y., Huang, D., and Lee, Y.-N. (eds.), Papers from the 2005 Heyuan International Dinosaur Symposium. Geological Publishing House, Beijing.

23. 이융남, 이항재. (2007). 「한국에서 처음 발견된 조각류 공룡 이빨 화석」. 한국고생물학회지 23 : 213-225.

24. Huh, M., D.-G. Lee, J.-K. Kim, J.-D. Lim, and P. Godefroit. (2011). "A new basal ornithopod dinosaur from the Upper Cretaceous of South Korea". Neues Jahrbuch fur Geologie und Palaeontologie, Abhandlungen 259 : 1-24.

25. 김항묵. (1983). 「한국에서 발견된 백악기 공룡화석과 그 층서」, 지질학회지 19 : 115-126.

26. Lee, Y.-N., Yang, S.-Y., and Park, E.-J. (1997). "Sauropod dinosaur

remains from the Gyeongsang Supergroup, Korea". Paleontological Society of Korea, Special Publication 2: 103-114.

27. Dong, Z., Pail, I.S., and Kim, H.J. (2001). "A preliminary report on a sauropod from the Hasandong Formation (Lower Cretaceous), Korea". pp. 41-53 In Deng, T. and Wang, Y. (eds.), "Proceedings of the 8th Annual Meeting of the Chinese Society of Vertebrate Paleontology". Beijing. China Ocean Press.

28. 이융남. (2007). 「경상남도 하동군 대도리 주시섬(하산동층)에서 산출된 새로운 수각류 이빨」, 지질학회지 43: 151-166.

29. Lee, Y.-N. (2008). "The first tyrannosauroid tooth from Korea". Geosciences Journal 12: 19-24.

30. Kim, H.M., Gishlick, A.D., and Tsuihiji, T. (2005). "The first non-avian maniraptoran skeletal remains from the Lower Cretaceous of Korea". Cretaceous Research 26:299-306.

31. Lee, Y.-N., Ryan, P.J., and Kobayashi, Y. (2011). "The first ceratopsian dinosaur from South Korea". Naturwissenschaften 98:39-49.

32. Pu et al. (2017). "Perinate and eggs of a giant caenagnathid dinosaur from the Late Cretaceous of central China". Nature Communications 8:14952.

33. Yoon, S.H. and Chough, S.K. (1995). "Regional strike-slip in the eastern continental margin of Korea and its tectonic implications for the evolution of Uleung Basin, East Sea (Sea of Japan)". Geological Society of American Bulletin 107:83-97.

34. 이융남 and Tomida, Y. (2005). 「북한 함경북도 명천의 제4기층 기동층에서 기재된 *Bunolophodon yokotii* Makiyama, 1938에 대한 새로운 고찰」, 한국고생물학회지 21:157-165.

35. Han, K.S., So, K.S., Choe, R.S., and Kim, S.C. (2021). "First occurrence of a gomphotheriid (Proboscidea, Mammalia) from the Democratic People's Republic of Korea". Paleontological Journal 55:1186–1192.

36. Lee, Y.-N. and Jacobs, L.L. (2010). "The platacanthomyine rodent *Neocometes* from the Miocene of South Korea and its paleogeographic implications". Acta Palaeontologica Polonica 55: 581–586.

37. Lee, Y.-N., R. Barsbold, P.J. Currie, Y. Kobayashi, H.-J. Lee, P. Godefroit, F. Escuillie, and T. Chinzorig. (2014). "Resolving the long-standing enigmas of the giant ornithomimosaur *Deinocheirus mirificus*". Nature 515:257–260.

38. Coria, R.A. and Chiappe, L.M. (2007). "Embryonic skin from Late Cretaceous sauropods (Dinosauria) of Auca Mahuevo, Patagonia, Argentina". Journal of Paleontology 81:1537–1541.

39. Moreau, J.-D., Sciau, J. Gand, G., and Fara, E. (2021). "Uncommon preservation of dinosaur footprints in a tidal breccia: *Eubrontes giganteus* from the Early Jurassic mongisty tracksite of Aveyron, southern France". Geological Magazine 158:1403–1420.

40. Lee, Y.-N., Kong, D.-Y., and Jung, S.-H. (2020). "The first possible choristoderan trackway from the Lower Cretaceous Daegu Formation of South Korea and its implications on choristoderan locomotion". Scientific Reports 10:14442.

41. Carney, R.M., Vinther, J., Shawkey, M.D., D'Alba, L., and Ackermann, J. (2012). "New evidence on the colour and nature of the isolated *Archaeopteryx* feather". Nature Communications 3:637.

42. Norell, M.A., Wiemann, J., Fabbri, M., Yu, C., Marsicano, A.M., Varricchio, D.J., Pol, D., and Zelenitsky, D.K. (2020). "The first dinosaur egg was soft". Nature 583:406–410.

43. Erickson, G.M., Zelenitsky, D.K., Kay, D.I., and Norell, M.A. (2017). "Dinosaur incubation periods directly determined from growth-line counts in embryonic teeth show reptilian-grade development". PNAS 114:540-545.

44. Wiemann, J., Yang, T.R., and Norell, M.A. (2018). Dinosaur egg colour had a single evolutionary origin. Nature 563:555-558.

45. Fernandez, V., Buffetaut, E., Suteethorn, V., Rage, J.-C., Tafforeau, P., and Kundrat, M. (2015). "Evidence of egg diversity in Squamate evolution from Cretaceous anguimorph embryos". PLoS ONE 10:e0128610.

46. Schweitzer, M.H., Wittmeyer, J.L., Horner, J.R., and Toporski, J.K. (2005). "Soft-tissue vessels and cellular preservation in *Tyrannosaurus rex*". Science 307:1952-1955.

47. Bates, K.T. and Falkingham, P.L. (2012). "Estimating maximum bite performance in *Tyrannosaurus rex* using multi-body dynamics". Biology Letters 8:660-664.

48. Benton, M.J. (2010). "Studying function and behavior in the fossil record". PLoS Biology 8:e1000321.

49. Paulina-Carabajal, A., Lee, Y.-N., and Jacobs, L.L. (2016). "Endocranial morphology of the primitive nodosaurid dinosaur *Pawpawsaurus campbelli* from the Early Cretaceous of North America". PLoS ONE 11:e0150845.

50. Paulina-Carabajal, A., Lee, Y.-N., Kobayashi, Y., Lee, H.-J., and Currie, P.J. (2018). "Neuroanatomy of the ankylosaurid dinosaurs *Tarchia teresae* and *Talarurus plicatospineus* from the Upper Cretaceous of Mongolia, with comments on endocranial variablity among ankylosaurs". Palaeogeography, Palaeoclimatology, Palaeoecology 494:135-146.

51. Weishampel, D.B. (1981). "Acoustic analyses of poetential vocalization in lambeosaurine dinosaur (Reptilia: Ornithischia)". Paleobiology 7:252–261.

52. Norell, M.A., Wiemann, J., Fabbri, M., Yu, C., Marsicano, A.M., Varricchio, D.J., Pol, D., and Zelenitsky, D.K. (2020). "The first dinosaur egg was soft". Nature 583:406–410.

53. Oftedal, O.T. (2002). "The origin of lactation as a water source for parchemnt-shelled eggs". Journal of Mammary Gland Biology and Neoplasia 7:253–266.

54. Nesbitt, S.J., Turner, A.H., Spaulding, M., Conrad, J.L., and Norell., M.A. (2009). "The theropod furcula". Journal of Morphology 270:856–879.

55. Chatterjee, S. (1991). "Cranial anatomy and relationships of a new Triassic bird from Texas". Philosophical Transactions of the Royal Society B: Biological Sciences 332:277–342.

56. Dingus, L. and Rowe, T. (1998). "The mistaken extinction: dinosaur evolution and the origin of birds". W.H. Freeman, New York, 332p.

57. Rashid, D., Chapman, S.C., Larsson, H.C.E., Organ, C.L., Bebin, A.-G., Merzdorf, C.S., Bradley, R., and Horner, J.R. (2014). "From dinosaurs to birds: a tail of evolution". EvoDevo 5:25.

58. Louchart, A. and Viriot, L. (2011). "From snout to beak: the loss of teeth in birds". Trends in Ecology & Evolution 26:663–673.

59. Dorrell, R.G. and Smith, A.G. (2011). "Do red and green make brown?: perspectives on plastid acquisitions within chromalveolates". Eukaryot Cell 10:856–868.

60. Watanabe, A. Gold, M.E.L., Brusatte, S.L., Benson, R.B., Choiniere, J., Davidson, A., and Norell, M.A. (2015). "Vertebral pneumaticity in the

ornithomimosaur *Archaeornithomimus* (Dinosauria: Theropoda) revealed by computed tomography imaging and reappreaisal of axial pneumaticit in Ornithomimosauria". PLoS ONE 10:e0145168.; O'Connor, P.M. and Claessens, P.A.M. (2005.) "Basic avian pulmonary design and flow-through ventilation in non-avian theropod dinosaurs". Nature 436:253–256.

61. Simith-Paredes, D. Nunez-Leon, D., Soto-Acuna, S, O'Connor, J., Botelho, J.F., and Vargas, A.O. (2018). "Dinosaur ossification centres in embryonic birds uncover developmental evolution of the skull". Nature Ecology & Evolution 2:1966–1973.

62. Chen, P., Dong, Z., and Zhen, S. (1998). "An exceptionally well-preserved theropod dinosaur from the Yixian Formation of China". Nature 391:147–152.

63. Smithwick, F.M., Mayr, G., Saitta, E.T., Benton, M.J., and Vinther, J. (2017). "On the purported presence of fossilized collagen fibres in an ichthyosaur and a theropod dinosaur". Palaeontology 60:409–422.

64. Zhang, F, Kearns, S.L., Orr, P.J., Benton, M.J., Zhou, Z., Johnson, D., Xu, X., and Wang, X. (2010). "Fossilized melanosomes and the colour of Cretaceous dinosaurs and birds". Nature 463:1075–1078.

65. Zheng, X.-T., You, H.-L., Xu, X., and Dong, Z.-M. (2009). "An Early Cretaceous heterodontosaurid dinosaur with filamentous integumentary structures". Nature 458:333–336.

66. Godefroit, P., Sinitsa, S.M., Dhouailly, D., Bolotsky. Y.L., Sizov, A.V., McNamara, M.E., Benton, M.J., and Spagna, P. (2014). "A Jurassic ornithischian dinosaur from Siberia with both feathers and scales". Science 345:451–455.

67. McKellar, R.C., Chatterton, B.D.E., Wolfe, A.P., and Currie, P.J. (2011).

"A diverse assemblage of Late Cretaceous dinosaur and bird feathers from Canadian amber". Science 333:1619-1622.

68. Hone, D.W.E., Tischlinger, H., Xu, X., and Zhangggg, F. (2010). "The extent of the preserved feathers on the four-winged dinosaur Microraptor gui under ultraviolet light". PLoS ONE 5:e9223.

69. Xu, X., Zhou, Z., Dudley, R., Mackem, S. Chuong, C.-M., Erickson, G.M., and Varricchio, D.J. (2014). "An integrative approach to understanding bird origins". Science 346:1253293.

70. Gauthier, J. and de Queiroz, K. (2011). "Feathered dinosaurs, flying dinosaurs, crown dinosaurs, and the name 'Aves'", 7-41. In Gauthier, J. and Gall, L.F. (eds.), "New perspectives on the origin and early evolution of birds: Proceedings of the International Symposium in Honor of John H. Ostrom". Peabody Museum of Natural History, Yale University.

71. Horner, J.R., and Makela, R. (1979). "Nest of juvenile provides eividence of family structure among dinosaurs". Nature 282:296-298.

72. Hopp, T.P. and Orsen, M.J. (2004). "Dinosaur brooding behavior and the origin of flight feathers", 234-250. In Currie, P.J., Koppelhus, E.B., Shugar, M.A., and Wright, J.L. (eds.), "Feathered dragons: studies on the transition from dinosaurs to birds". Indiana University Press.

73. Grady, J.M., Enquist, B.J., Dettweiler-Robinson, E., Wright, N.A., and Smith, F.A. (2014). "Evidence for mesothermy in dinosaurs". Science 344:1268-1272.

주요 자료

© Llez(H.Zell)

자료1. 황동으로 치환된 암모나이트 화석(본문 24쪽)

© Thames_Hudson

자료2. 윌리엄 스미스에 의해 영국에서 처음으로 만들어진 지질도(본문 25쪽)

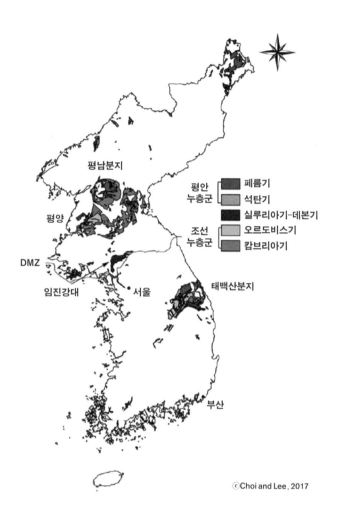

평남분지

평안
누층군
- 페름기
- 석탄기

조선
누층군
- 실루리아기-데본기
- 오르도비스기
- 캄브리아기

평양

DMZ

임진강대

서울

태백산분지

부산

ⓒChoi and Lee, 2017

자료3. 우리나라의 조선누층군과 평안누층군 분포도(본문 84쪽)

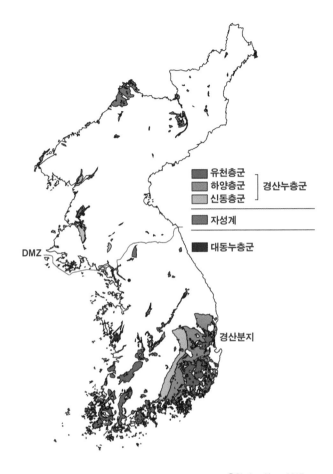

유천층군
하양층군 ⎱ 경산누층군
신동층군 ⎰

자성계

대동누층군

DMZ

경산분지

©Choi and Lee, 2017

자료4. 우리나라의 중생대층 분포도(본문 91쪽)

의 범례:

신생대
- 플라이오세
- 마이오세
- 에오세

중생대
- 백악기(투로니아절–캄파이나절)
- 백악기(알바절–캄파이나절)
- 백악기(바렘절–알바절)
- 전기 백악기
- 후기 트라이아스기–전기 쥐라기

고생대
- 페름기
- 석탄기
- 실루리아기–데본기
- 오르도비스기
- 캄브리아기

범례(동물):
- 물고기
- 양서류
- 공룡을 제외한 파충류
- 비조류 공룡
- 조류
- 포유류

평양
DMZ
서울
부산

ⓒChoi and Lee, 2017

자료5. 우리나라의 척추동물 화석 분포도(본문 142쪽)

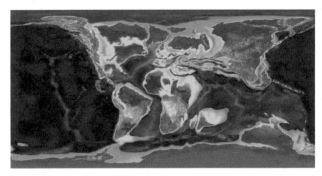

ⒸC. R. Scotese, 2010

자료6. 후기 백악기 대륙의 분포(본문 154쪽)

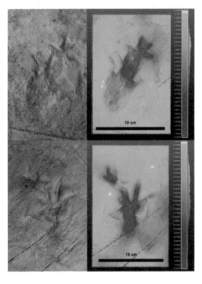

Ⓒ Lee et al., 2020

자료7. 3D 스캐닝 과정을 거친 코리스토데라 노바페스 울산엔시스 발자국(본문 202쪽)

ⒸDurbed

자료8. 시조새의 깃털 복원도(본문 203쪽)

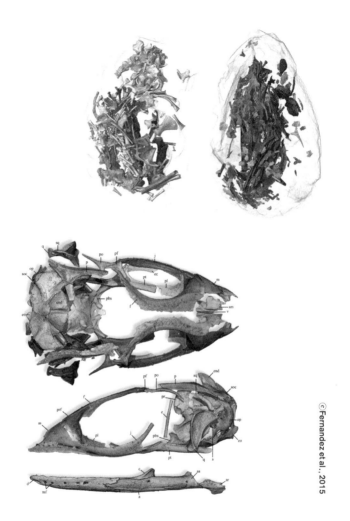

자료9. 싱크로트론을 이용해 도마뱀 알 속의 태아뼈를 확인하고 복원한 모습(본문 205쪽)

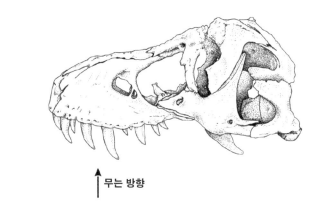

무는 방향

	1.60270 X 10⁶
	−1.1411 X 10⁵
	−1.8309 X 10⁶
	−3.5478 X 10⁶
	−5.2646 X 10⁶
	−6.6815 X 10⁶
	−8.6983 X 10⁶
	−1.0415 X 10⁷
	−1.2132 X 10⁷

ⓒBenton, 2010

자료10. 티라노사우루스 머리뼈의 유한 요소 분석(본문 208쪽)

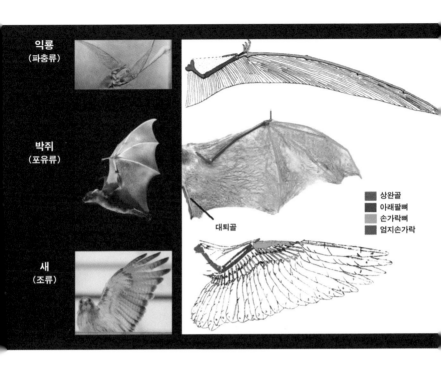

익룡
(파충류)

박쥐
(포유류)

새
(조류)

대퇴골

상완골
아래팔뼈
손가락뼈
엄지손가락

자료11. 익룡과 박쥐, 새의 날개 비교(본문 223쪽)

우리는 여전히 공룡시대에 산다

1판 1쇄 인쇄 2023년 6월 28일
1판 1쇄 발행 2023년 7월 5일

지은이 이융남
펴낸이 김영곤
펴낸곳 ㈜북이십일 21세기북스

콘텐츠개발본부이사 정지은 **서가명강팀장** 강지은
책임편집 공승현 **서가명강팀** 김미래
디자인 THIS-COVER
마케팅2팀 나은경 정유진 박보미 백다희
출판영업팀 최명열 김다운 김도연
e-커머스팀 장철용 권채영
제작팀 이영민 권경민

출판등록 2000년 5월 6일 제406-2003-061호
주소 (10881) 경기도 파주시 회동길 201(문발동)
대표전화 031-955-2100 **팩스** 031-955-2151 **이메일** book21@book21.co.kr

(주)북이십일 경계를 허무는 콘텐츠 리더

21세기북스 채널에서 도서 정보와 다양한 영상자료, 이벤트를 만나세요!
페이스북 facebook.com/jiinpill21   포스트 post.naver.com/21c_editors
인스타그램 instagram.com/jiinpill21   홈페이지 www.book21.com
유튜브 youtube.com/book21pub

서울대 가지 않아도 들을 수 있는 명강의! 〈서가명강〉
유튜브, 네이버, 팟캐스트에서 '서가명강'을 검색해보세요!

ⓒ 이융남, 2023

ISBN 978-89-509-5756-8 04300
        978-89-509-7942-3 (세트)